ORTHODOXER GOTTESDIENST

Band X,1

Gemeindehefte

Die Liturgie des

heiligen Johannes Chrysostomos

Für den Gemeindegebrauch zusammengestellt
aus der vollständigen Ausgabe
der Göttlichen Liturgie des
Heiligen Johannes Chrysostomos (Bd. I,1)
der Übersetzung von
Erzpriester Aleksej Mal'cev

VERLAG FLUHEGG

ORTHODOXER GOTTESDIENST

Band X, 1:
Gemeindehefte

**Die Liturgie des
Heiligen Johannes Chrysostomos**
In Zusammenarbeit mit dem
VOM - Verein für ostkirchliche Musik
für den Gemeindegebrauch zusammengestellt
aus der vollständigen Ausgabe der Göttlichen Liturgie
des Heiligen Johannes Chrysostomos (Bd. I, 1)
der Übersetzung von Erzpriester Aleksej Mal'cev.

Alle Rechte vorbehalten
© 1989 **Verlag Fluhegg und
VOM - Verein für ostkirchliche Musik**
CH - 6442 Gersau

ISBN 3-909103-06-5

Bestelladresse: Buchhandlung Vitovec
                 Fluhegg, CH-6442 Gersau

Verlagsbuch......
Der Christliche Osten
Grabenberg 6
D-8700 Würzburg

RUSSISCH-ORTHODOXE KIRCHE
MOSKAUER PATRIARCHAT
S E R A F I M
BISCHOF VON ZÜRICH
VIKARBISCHOF DES
WESTEUROPÄISCHEN EXARCHATS
KINKELSTRASSE 36
8006 ZÜRICH

Zürich, 25. April 1989

An den Verein für Ostkirchliche Musik
und an den Verlag Fluhegg,

Herzlich danke ich für alle Ihre Bemühungen, unsere
orthodoxe Liturgie, Gesänge und Gebete in deutschsprachigen Gebieten zugänglich zu machen.
Diese große und so notwendig gewordene Arbeit, alle
liturgischen Text in deutscher Sprache zu veröffentlichen,
begrüße ich und bete um den Segen des Heiligen Geistes,
damit alle das lieben lernen, was unseren orthodoxen
Glauben trägt!
Als Basis ist es sehr wertvoll, das Werk von Erzpriester
Alexej Mal'cev als grundlegend zu benützen und die
Sprache, wo nötig, dem heutigen Verständnis anzupassen.

Setzen Sie mit Gottes Hilfe diese riesige Arbeit fort!

Ihr in Christus

Serafim, Bischof von Zürich

СРПСКА ПРАВОСЛАВНА ЕПАРХИЈА
ЗА ЗАПАДНУ ЕВРОПУ

D-3201 HIMMELSTHÜR
Obere Dorfstr.12
☎ 05121 64034

SERBISCH-ORTHODOXE DIOEZESE
FÜR WESTEUROPA

Химелстир, 25.9.1989

ИНСТИТУТУ ЗА МУЗИКУ
ИСТОЧНЕ ЦРКВЕ И
ИЗДАВАЧКОЈ КУЋИ ФЛУЕГ

Са благодарношћу поздрављамо штампање на немачком књижице ПРАВОСЛАВНЕ ЛИТУРГИЈЕ (Свеска VI) Свете тајне.

Ово је велики допринос за упознавање богослужења православне цркве на немачком говорном подручју.

Молимо се Богу да Вам помогне да наставите ово племенито и богоугодно дело на корист хришћана који се служе немачким језиком и желе да упознају лепоту православног богослужења.

Wir sind dankbar und freuen uns, daß die Göttliche Liturgie unseres Hl. Vaters Chrisostomos in deutscher Sprache veröffentlicht wird.

Dies trägt in hohem Masse dazu bei, den Gottesdienst der Orthodoxen Kirche im deutschsprachigen Raum zugänglich zu machen.

Wir beten zu Gott, daß dieses Werk jedem deutschsprachigen Christen, der die Schönheit des Orthodoxen Gottesdienstes kennenzulernen wünscht, nützen möge.

ЕПИСКОП ШАБАЧКО-ВАЉЕВСКИ
и
АДМИНИСТРАТОР ЕПАРХИЈЕ
ЗАПАДНОЕВРОПСКЕ

(Лаврентије)

ΟΙΚΟΥΜΕΝΙΚΟΝ ΠΑΤΡΙΑΡΧΕΙΟΝ
ΙΕΡΑ ΜΗΤΡΟΠΟΛΙΣ ΕΛΒΕΤΙΑΣ

PATRIARCAT ŒCUMÉNIQUE	OEKUMENISCHES PATRIARCHAT	PATRIARCATO ECUMENICO
ARCHEVÊCHÉ DE SUISSE	METROPOLIE VON DER SCHWEIZ	ARCIVESCOVADO DI SVIZZERA

An den Verein für Ostkirchliche Musik
und an den Verlag Fluhegg

le 2 novembre 1989

Messieurs,

Vous nous avez annoncé votre projet d'édition de la Divine Liturgie de saint Jean Chrysostome en allemand.

Une meilleure présentation des textes liturgiques est toujours le signe d'une profonde recherche de la spiritualité de l'Eglise vécue à travers ces textes. Nous avons constaté avec plaisir que vos efforts se dirigent dans ce sens et nous souhaitons donc que ces efforts soient couronnés du plus grand succès, contribuant ainsi à l'élévation spirituelle de tous ceux qui cherchent à connaître la richesse liturgique de l'Eglise orthodoxe.

C'est bien volontiers que nous accordons notre approbation et notre bénédiction à votre travail, et invoquons sur vous la grâce de Dieu.

Le Métropolite de Suisse Damaskinos

282, RUE DE LAUSANNE - 1292 CHAMBÉSY, GENÈVE - SUISSE

Vorwort

Die Gemeinschaft der Orthodoxen Kirchen - wir nennen sie im folgenden zusammenfassend die Orthodoxe Kirche - bewahrt ihr Glaubensgut seit den Tagen der Apostel sozusagen in dezentraler Form.

Träger des Glaubens sind seit den Anfängen immer zunächst die Christen selbst, die Gläubigen, die in Christus getauft sind und im Heiligen Geist ihr gottbezogenes Leben leben. Als zweite greifbare Quelle der Glaubensbotschaft hat sich schon bald die kodifizierte, schriftliche Form herausgebildet. Kern einer solchen schriftlichen Überlieferung sind die heiligen Schriften des Neuen Bundes, das Neue Testament, das in klarer Nachfolge und Fortsetzung der Bücher des alten Bundes gesehen wird. Denn Christus ist gekommen, nicht um das Gesetz des Alten Bundes aufzuheben, sondern um es zu erfüllen (Tit 1,15). - Weitere Codices sind die Akten oder Canones der Konzilien und Sammlungen kirchlichen Rechts.

Von täglicher Aktualität sind schließlich die liturgischen Bücher. In ihnen finden sich die Quellen für das Gebetsleben der einzelnen Christen. Vor allem aber hat hierin das Gebet der ganzen Kirche, des Leibes Christi, der in der gottesdienstlichen Gemeinschaft um den Bischof und mit ihm für jeden erfahrbar lebt, seine wertvolle Form gefunden: Eine Tradition, die in großer Ehrfurcht und Treue bewahrt wird!

Dieser liturgische Gebetsschatz der Orthodoxen Kirche ist durch den russischen Erzpriester Aleksej Mal'cev gegen Ende des 19. Jahrhunderts dem deutschen Sprach- und Kulturraum in bedeutendem Umfang zugänglich gemacht worden. Mal'cev war Priester an der Kirche der Kaiserlich-Russischen Botschaft in Berlin. Er hatte dieses Amt von

1886 an 28 Jahre lang inne, und hat diese Zeit dazu genutzt, den ganzen Komplex der gottesdienstlichen Bücher der Russisch-Orthodoxen Kirche ins Deusche zu übersetzen und herauszugeben.

Der große Umfang der orthodoxen liturgischen Bücher setzt die Menschen des abendländischen Kultur-Kreises immer wieder in Erstaunen. In den Kirchen des Westens ist der offizielle Bedarf danach viel geringer. Dazu ist ein erklärendes Wort angebracht.

In der Orthodoxen Kirche gibt es keinen prinzipiellen Unterschied zwischen dem geistlichen Leben der Mönche und Nonnen in den Klöstern und dem der Christen in der Welt, in den Pfarrgemeinden. Naturgemäß haben die ganz dem Leben in Gott geweihten Bewohner der Klöster im Laufe der Zeiten eine Fülle von Gottesdienstformen entwickelt und leben darin Tag für Tag und Nacht für Nacht in ganzer Hingabe. Die Christen in den Pfarrgemeinden praktizieren von diesen Formen des Gebetes so viel, wie ihnen möglich ist. Das tun sie aber im dem klaren Bewußtsein, daß das, was sie feiern, ein Teil des unteilbaren und unaufgebbaren Ganzen der liturgischen Tradition ist. Begriffe wie "monastische Sonderformen" o.ä. existieren nicht.

Die Gesamtheit des Betens der Gläubigen erstreckt sich von den Gebeten des Einzelnen am Morgen, zu den Mahlzeiten und am Abend, über das kirchliche Stundengebet (Mitternachtsstunde, Matutin, 1., 3., 6., 9. Stunde, Vesper und Komplet) und die Sakramente bis hin zur zentralen Feier der Eucharistie, der "Göttlichen Liturgie". Dazu treten noch gottesdienstliche Feiern zu speziellen Anlässen wie z.B. Beerdigung, Ikonenweihe, Hausweihe oder Mönchsweihe.

Die vom jeweiligen Tag (Datum, Wochentag) abhängigen wechselnden Texte bilden zusammen mit den feststehenden und den von der Tageszeit abhängigen Texten den jeweiligen konkreten Gottesdienst.

Dies sind noch nicht alle Prinzipien der Verknüpfung und Variation der Elemente. Über das ganze Kirchenjahr hinweg werden die Offizien während jeweils einer Woche von einem der sog. "Acht Kirchentöne" mitbeherrscht. "Kirchenton" meint dabei zunächst etwas Musikalisches, nämlich spezifische Melodien und Tonsätze, die in der Woche jeweils verwendet werden. Dann aber ist "Kirchenton" auch ein Sammelbegriff für bestimmte Texte und Inhalte, in dem die Glaubenswahrheiten und Lebensinhalte der Kirche stets neu, und von "Ton" zu "Ton" verschieden, ausgesagt werden.

Dieser "Oktoechos" oder "Oktoich" beginnt jedes Jahr am Thomassonntag (1. Sonntag nach Ostern) mit dem "1. Ton" und kreist dann über das ganze Jahr hinweg immer vom 1. bis zum 8. Ton, bis zum 5. Fastensonntag und dem Freitag danach. Am stärksten ist der Einfluß des Oktoichs auf die Offizien der Vesper und der Matutin.

So entsteht ein System von Zeitzyklen jeweils verschiedener Länge, die dauernd um das Geheimnis Gottes, Christi und des Heiligen Geistes kreisen. Wir zählen sie noch einmal auf, beginnend bei den großen und fortschreitend zu den kleinen Zyklen:

1. Der Osterfestkreis; er setzt sich über Pfingsten hinaus fort in den Formen der "Sonntage nach Pfingsten" bis zur Fastenzeit des folgenden Jahres.
2. Das Kirchenjahr oder der Indikt. Beginn ist am 1. September, Dauer bis zum 31. August. Die Tage werden nach den Gepflogenheiten des bürgerlichen Kalenders

bezeichnet. Sie sind dem Gedächtnis der Herren- und Heiligenfestes (außer Ostern) gewidmet.
3. Der Rhythmus des Oktoichs mit einem Neubeginn alle 8 Wochen.
4. Die Woche, auch jeder Wochentag (Montag bis Samstag) hat seine eigene Widmung, mit entsprechenden Texten.
5. Der Tag, eingeteilt nach den 7 Tagzeitendiensten.

Wenn man dieses System mit etwas vergleichen kann, dann mit den Bewegungen der Sternsysteme im Kosmos.

Alle diese Texte des Lebens der Orthodoxen Kirche sind systematisch niedergelegt in den Büchern des Liturgikon, des Fasten-Triodions, des Blumen-Triodions, der Minäen, des Oktoichs und des Trebniks. Jedem Festgedächtnis ist darin ein bestimmter Rang zugeordnet. Gedächtnisse hoher Ränge verdrängen gewöhnlich die der niederen Ränge. Die Regeln, nach denen das zu geschehen hat, stehen im sogenannten "Typikon". Ausgestattet mit diesen Büchern kann ein Liturge in jedem Augenblick die für einen beabsichtigten Dienst nötigen Textstellen aufschlagen und singen. Hier muß bemerkt werden, daß die genannten Bücher keine Noten enthalten; diese müssen - falls nicht nur nach mündlicher Tradition gesungen wird - aus anderen Quellen beigesteuert werden.

Die Tatsache, daß Gemeinden in der Welt aus dem großen Schatz der Kirche nur Teile vollziehen, ist oben schon erwähnt. Eine solche Gemeinde wird z.B. die Vesper kaum öfter als samstags abends oder vor hohen Festen feiern. Darum gibt es Sammelbände für den praktischen Gebrauch, die nur Texte der Feste enthalten, die für die Feier in der Welt-Gemeinde infrage kommen. Das sind: feststehende

Teile der Liturgie, der Tagzeiten, das Triodion, die Hochfeste, Auszüge aus den Minäen und dem Oktoich.

Das Werk Mal'cevs gibt die vollständigen Gottesdienste der Orthodoxen Kirche wieder. Es war bisher schon von großem Wert, als es bei der Abfassung vieler Werke über orthodoxe Spiritualität und der Herausgabe deutscher Texte zur Göttlichen Liturgie als Fundgrube gedient hat. Heute ist aber die Zeit reif dafür, das Ganze neu herauszugeben, und zwar für den liturgischen, betenden und singenden Gebrauch. Der weit überwiegende Bedarf besteht in den Gemeinden. Sie müssen von der "Zettelwirtschaft" herunterkommen, zum Nutzen eines würdigen Vollzugs. Darum haben sich die Herausgeber zu der Form der Sammelbände entschlossen. Da alle Texte in einer Datenverarbeitung gespeichert werden, wird die spätere Aufstockung zum Gesamtwerk keine Schwierigkeiten bereiten.

Ulrich Kroll (+ 1989)

Die Mal'cev-Neuausgabe wird von den Bearbeitern als "Werkausgabe" betrachtet, d.h., Vorschläge, Ergänzungen, Korrekturen oder Anregungen, die für eine zweite Auflage oder für die weiteren Mal'cev-Ausgaben nützlich sein können, sind dem Bearbeiterteam willkommen.
Zuschriften sind erbeten an: Peter Vitovec, Sekretariat Fluhegg, CH-6442 Gersau.

Aufbau der Göttlichen Liturgie

I. PROSKOMIDIE

1. Vorbereitung der Liturgen
    Eingangsgebete
    Anziehen der liturgischen Gewänder
2. Bereitung der Opfergaben
    Bereitung des Lammes und von Wein und Wasser
    Beräucherung der Kirche

II. LITURGIE DER KATECHUMENEN

1. Eröffnung
    Einleitungsdoxologie
    Große Litanei - Erste Antiphon
    Kleine Litanei - Zweite Antiphon
    Kleine Litanei - Dritte Antiphon (Seligpreisungen)
2. Kleiner Einzug
    Einzug mit dem Evangelienbuch (Christus das Wort)
    Einzugslied
3. Gesänge und Schriftlesungen
    Tropar und Kondak
    Trisagion
    Prokimen - Epistel - Alleluja
    Evangelium
    Inständige Litanei
    (Litanei für die Verstorbenen)
    Litanei für die Katechumenen
    Entlassung der Katechumenen

III. LITURGIE DER GLÄUBIGEN

1. Gebet der Gläubigen
2. Großer Einzug
    Hymnus der Cherubim
    Einzug mit den Opfergaben (Christus das Lamm)
    Bittlitanei
3. Friedenskuß
4. Glaubensbekenntnis
5. Anaphora
    Einleitungsdialog
    Danksagung (Eucharistisches Hochgebet)
    Abendmahlsbericht mit den Einsetzungsworten
    Anamnese - Epiklese
    Fürbitten - Diptychen der Heiligen, der Verstorbenen und der Lebenden
6. Vorbereitung auf die Kommunion
    Bittlitanei
    Vater unser
    Gebet mit gebeugtem Haupt
    Erhebung, Brechung, Vermischung und Zeon
7. Kommunion
    Kommunion der Zelebranten
    Kommunion der Gläubigen
    Danksagung
8. Segen und Entlassung
    Gebet hinter dem Ambo
    Segen - Entlassung
    Austeilung des gesegneten Brotes - Antidoron
9. Ablegen der Liturgischen Gewänder
    Danksagung der Liturgen

I. PROSKOMIDIE

Die Proskomidie, die Vorbereitung der Gaben, wird im Altarraum vollzogen und hat drei Teile:

1. Eingangsgebete

Priester und Diakon stellen sich vor die Ikonostase und beten dort still die Eingangsgebete.

2. Anziehen der liturgischen Gewänder

Hernach begeben sie sich zum Platz rechts vom Altar (Sakristei), ziehen die liturgischen Gewänder an und waschen zum Schluß die Hände.

3. Vorbereitung der Opfergaben

Dann bereiten sie am Rüsttisch (links vom Altar) die Opfergaben zu: Der Priester nimmt ein Opferbrot, schneidet das Mittelstück ("Lamm") für die Konsekration heraus, legt es auf den Diskos (Opferteller), während der Diakon Wein und etwas Wasser in den Kelch gießt. Dann schneidet der Priester weitere kleine Teilchen zu Ehren der Gottesmutter, der Engel, Propheten, Apostel und Heiligen, sowie zum Gedächtnis der Lebenden und Verstorbenen zurecht und legt sie rings um das Lamm. Die Opfergaben werden zugedeckt und beräuchert.
Der Diakon öffnet den Vorhang und beräuchert den Altarraum und die ganze Kirche.
Mit Gebeten vor dem Altar beenden Priester und Diakon die Proskomidie.

II. LITURGIE DER KATECHUMENEN

Der Diakon verläßt den Altarraum durch die nördliche Tür und beginnt vor den königlichen Türen:

D Sprich den Segen, Herr.

Der Priester zeichnet mit dem heiligen Evangelium ein Kreuz über das Antiminsion:

P Gepriesen sei das Reich des Vaters und des Sohnes und des Heiligen Geistes, jetzt und allezeit und von Ewigkeit zu Ewigkeit.

A Amen.

Große Litanei:

D In Frieden laßt uns den Herrn bitten.

A Herr, erbarme Dich / Kirie eleison

D Um den Frieden von oben und das Heil unserer Seelen laßt uns den Herrn bitten.

A Herr, erbarme Dich / Kirie eleison

D Um den Frieden für die ganze Welt, um das Wohl der heiligen Kirchen Gottes und um die Einigung aller laßt uns den Herrn bitten.

A Herr, erbarme Dich / Kirie eleison

D Für dieses heilige Haus und für alle, die mit Glauben, Frömmigkeit und Gottesfurcht hier eintreten, laßt uns den Herrn bitten.

A Herr, erbarme Dich / Kirie eleison

D Für unsern hochgeweihten (Erz-) Bischof N.N., für die ehrwürdige Priesterschaft und den Diakonat in Christus, für den ganzen geistlichen Stand und für das Volk laßt uns den Herrn bitten.

A Herr, erbarme Dich / Kirie eleison

D Für unser Volk und unser Land, für alle, die es regieren und beschützen, laßt uns den Herrn bitten.

A Herr, erbarme Dich / Kirie eleison

D Für diese Stadt (dieses heilige Kloster/dieses Dorf), für jede Stadt und jedes Land und für alle, die im Glauben darin leben, laßt uns den Herrn bitten.

A Herr, erbarme Dich / Kirie eleison

D Um gedeihliche Witterung, um reichen Ertrag der Früchte der Erde und um friedliche Zeiten laßt uns den Herrn bitten.

A Herr, erbarme Dich / Kirie eleison

D Für die Reisenden zu Wasser, zu Lande und in der Luft, für die Kranken, Notleidenden und Gefangenen und um ihr Heil laßt uns den Herrn bitten.

A Herr, erbarme Dich / Kirie eleison

D Um unsere Erlösung von aller Trübsal, von Zorn, Not und Gefahr laßt uns den Herrn bitten.

A Herr, erbarme Dich / Kirie eleison

D Hilf, errette, erbarme Dich und wache über uns, o Gott, durch Deine Gnade.

A Herr, erbarme Dich / Kirie eleison

D Da wir unserer hochheiligen, makellosen, hochgelobten und ruhmreichen Gebieterin, der Gottesgebärerin und immerwährenden Jungfrau Maria mit allen Heiligen gedenken, wollen wir uns selbst und einander und unser ganzes Leben Christus unserm Gott anvertrauen.

A Dir, o Herr.

Während der Litanei betet der Priester leise:

Herr, unser Gott, Deine Macht ist unvergleichlich und Deine Herrlichkeit unbegreiflich, Dein Erbarmen unermeßlich und Deine Menschenliebe unaussprechlich; Du selbst, Gebieter, schaue in Deiner Barmherzigkeit auf uns und auf dieses heilige Gotteshaus herab, und erweise uns und denen, die mit uns beten, Deine reiche Gnade und Dein Erbarmen.

P Denn Dir gebührt aller Ruhm, alle Ehre und Anbetung, dem Vater und dem Sohne und dem Heiligen Geiste, jetzt und allezeit und von Ewigkeit zu Ewigkeit.

A Amen.

Der Diakon stellt sich vor die Christus-Ikone. Wir singen die 1. Sonntags-Antiphon (Psalm 102):

1. Antiphon:

A Preise, meine Seele, den Herrn,
und alles, was in mir ist, seinen heiligen Namen.
Preise, meine Seele, den Herrn,
und vergiß nicht all seine Wohltat!

> Der all deine Schuld vergibt
> der all' deine Schwachheiten heilet,
> der vom Untergang erlöst dein Leben,
> der dich krönt mit Gnade und Barmherzigkeit,
> der dein Verlangen mit Gütern erfüllt,
> daß deine Jugend sich erneuert gleich dem Adler.
> Der Herr übt Barmherzigkeit

und schafft Recht allen, die Unrecht leiden.
Er hat kund getan dem Mose seine Wege,
den Söhnen Israels seinen Willen.
Der Herr ist gnädig und barmherzig,
langmütig und von großer Erbarmung.
Er wird nicht immer zürnen,
noch auf ewig drohen.
Er handelt nicht an uns nach unsern Sünden;
und vergilt uns nicht nach unsrer Schuld;
denn so hoch der Himmel über der Erde,
so stark ist des Herrn Barmherzigkeit für die,
die ihn fürchten.
So weit der Aufgang entfernt ist vom Untergang,
so weit entfernt er von uns unsere Sünden.
Wie ein Vater sich erbarmt seiner Kinder,
so erbarmt sich der Herr über die, die ihn fürchten;
denn er weiß, was wir für Geschöpfe sind;
er denkt daran, daß wir Staub sind.
Der Mensch, wie Heu sind seine Tage;
wie eine Blume des Feldes welkt er dahin;
denn fährt der Wind an ihr vorüber, so hält sie
nicht aus;
und man kennt nimmer ihre Stätte.
Aber die Barmherzigkeit des Herrn währt von Ewigkeit
zu Ewigkeit über die, die ihn fürchten,
und seine Gerechtigkeit über die Kindeskinder.
Über die, welche seinen Bund halten,
und seiner Gebote gedenken durch die Tat.
Der Herr hat im Himmel errichtet seinen Thron,
und sein Reich wird herrschen über alle.
Preist den Herrn, ihr alle seine Engel;
die ihr, gewaltig an Kraft, vollzieht seinen Willen,

die ihr hört auf die Stimme seiner Reden!
Preist den Herrn all seine Scharen;
ihr, seine Diener, die ihr seinen Willen erfüllt!
Preist den Herrn, ihr all seine Werke;
an allen Orten seiner Herrschaft
preise, meine Seele, den Herrn!

Preise, meine Seele, den Herrn,
und alles, was in mir ist, seinen heiligen Namen!
Herr sei gepriesen!

Εὐλόγει, ἡ ψυχή μου, τὸν Κύριον, καὶ πάντα τὰ ἐντός μου τὸ ὄνομα τὸ ἅγιον αὐτοῦ.

Εὐλόγει, ἡ ψυχή μου, τὸν Κύριον, καὶ μὴ ἐπιλανθάνου πάσας τὰς ἀνταποδόσεις αὐτοῦ.

Εὐλόγει, ἡ ψυχή μου, τὸν Κύριον, καὶ πάντα τὰ ἐντός μου τὸ ὄνομα τὸ ἅγιον αὐτοῦ.

Εὐλογητὸς εἶ, Κύριε.

Благослови, душе́ моя́, Го́спода, и вся вну́треннаѧ моѧ́ и́мѧ свято́е его̀. Благослови, душе́ моѧ́, Го́спода, и не забыва́й всѣ́хъ воздаѧ́нїй его̀:

Благослови, душе́ моѧ́, Го́спода, и вся вну́треннаѧ моѧ́, и́мѧ свято́е его̀. Благослове́нъ еси́, Го́споди.

Kleine Litanei:

D Wieder und wieder laßt uns in Frieden den Herrn bitten.

A Herr, erbarme Dich / Kirie eleison

D Hilf, errette, erbarme Dich und wache über uns, o Gott, durch Deine Gnade.

A Herr, erbarme Dich / Kirie eleison

D Da wir unserer hochheiligen, makellosen, hochgelobten und ruhmreichen Gebieterin, der Gottesgebärerin und immerwährenden Jungfrau Maria mit allen Heiligen gedenken, wollen wir uns selbst und einander und unser ganzes Leben Christus unserm Gott anvertrauen.

A Dir, o Herr.

Indessen betet der Priester leise:

Herr, unser Gott, rette Dein Volk und segne Dein Erbe; bewahre die Fülle Deiner Kirche; heilige alle, die die Schönheit Deines Hauses lieben; verherrliche sie durch Deine göttliche Kraft und verlaß uns nicht, die wir auf Dich hoffen.

P Denn Dein ist die Macht, Dein ist das Reich und die Kraft und die Herrlichkeit, des Vaters und des Sohnes und des Heiligen Geistes, jetzt und allezeit und von Ewigkeit zu Ewigkeit.

A Amen.

Der Diakon stellt sich vor die Christus-Ikone und wir singen die 2. Sonntags-Antiphon (Psalm 145):

2. Antiphon:

A Ehre sei dem Vater und dem Sohne und dem Heiligen Geiste.

Lobe, meine Seele, den Herrn!
Ich will loben den Herrn, so lange ich lebe,
will lobsingen meinem Gott, so lange ich bin.
Vertraut nicht auf Fürsten,
auf Menschenkinder, die nicht helfen können!
Es fährt aus ihr Geist, und sie kehren zurück zu ihrer Erde;
am selben Tag vergehen all ihre Gedanken.
Glückselig, dessen Helfer der Gott Jakobs ist,
der seine Hoffnung auf den Herrn, seinen Gott, setzt;
der Himmel und Erde gemacht hat,
das Meer und alles, was darin ist;
der die Wahrheit bewahrt in Ewigkeit,
der Recht schafft denen, die Unrecht leiden,
der Speise gibt den Hungernden.
Der Herr erlöst die Gefangenen;
der Herr erleuchtet die Blinden,
der Herr richtet auf die Gebeugten,
der Herr liebt die Gerechten.
Der Herr behütet die Fremden,
die Waise und die Witwe nimmt er auf,
und vernichtet den Weg der Sünder.
Der Herr ist König auf ewig,
dein Gott, Zion, von Geschlecht zu Geschlecht.

Jetzt und allezeit und von Ewigkeit zu Ewigkeit. Amen. Du eingeborener Sohn und Wort Gottes, Unsterblicher, um unseres Heiles willen hast Du Dich herabgelassen, Fleisch anzunehmen aus der heiligen Gottesgebärerin und immerwährenden Jungfrau Maria. Du wurdest Mensch, ohne Dich zu verändern. Ans Kreuz geschlagen, Christus, unser Gott, hast Du den Tod durch den Tod bezwungen. Du, Einer aus der Heiligen Dreifaltigkeit, gleich verherrlicht mit dem Vater und dem Heiligen Geiste: errette uns!

Δόξα τῷ Πατρί, καὶ τῷ Υἱῷ, καὶ τῷ Ἁγίῳ Πνεύματι.

Αἴνει, ἡ ψυχή μου, τὸν Κύριον· αἰνέσω Κύριον ἐν τῇ ζωῇ μου· ψαλῶ τῷ Θεῷ μου ἕως ὑπάρχω.

Βασιλεύσει Κύριος εἰς τὸν αἰῶνα, ὁ Θεός σου, Σιών, εἰς γενεὰν καὶ γενεάν.

Καὶ νῦν, καὶ ἀεί, καὶ εἰς τοὺς αἰῶνας τῶν αἰώνων. Ἀμήν.

Ὁ μονογενὴς Υἱὸς καὶ Λόγος τοῦ Θεοῦ, ἀθάνατος ὑπάρχων, καὶ καταδεξάμενος διὰ τὴν ἡμετέραν σωτηρίαν σαρκωθῆναι ἐκ τῆς ἁγίας Θεοτόκου καὶ ἀειπαρθένου Μαρίας, ἀτρέπτως ἐνανθρωπήσας, σταυρωθείς τε, Χριστὲ ὁ Θεός, θανάτῳ θάνατον πατήσας, εἷς ὢν τῆς ἁγίας Τριάδος, συνδοξαζόμενος τῷ Πατρὶ καὶ τῷ Ἁγίῳ Πνεύματι, σῶσον ἡμᾶς.

Слава Отцу̀, и҆ Сн҃у, и҆ свято́му Дх҃у.

Хвалѝ, дꙋшѐ моѧ̀, Гд҃а. Восхвалю̀ Гд҃а въ животѣ̀ мое́мъ, пою̀ Бг҃у моемꙋ̀, до́ндеже є҆́смь.

Воцарится Гд҃ь во вѣ́къ, Бг҃ъ тво́й, Сїѡ́не, въ ро́дъ и҆ ро́дъ.

И҆ ны́нѣ и҆ при́снѡ, и҆ во вѣ́ки вѣкѡ́въ. А҆ми́нь.

Є҆диноро́дный Сн҃е и҆ Сло́ве Бж҃їй, безсме́ртенъ сы́й, и҆ и҆зво́ливый спасе́нїѧ на́шегѡ ра́ди воплоти́тисѧ ѿ свѧты́ѧ Бц҃ы и҆ присноДѣ́вы Марі́и, непрело́жнѡ вочеловѣ́чивыйсѧ: распны́йсѧ же, Хр҃тѐ Бж҃е, сме́ртїю сме́рть попра́вый, є҆ди́нъ сы́й свѧты́ѧ Тр҃цы, спрославлѧ́емый Отцу̀ и҆ свято́му Дх҃у, спасѝ на́съ.

Nach der Antiphon kehrt der Diakon auf seinen Platz zurück, verbeugt sich und singt die kleine Litanei.

Kleine Litanei:

D Wieder und wieder laßt uns in Frieden den Herrn bitten.

A Herr, erbarme Dich / Kirie eleison

D Hilf, errette, erbarme Dich und wache über uns, o Gott, durch Deine Gnade.

A Herr, erbarme Dich / Kirie eleison

D Da wir unserer hochheiligen, makellosen, hochgelobten und ruhmreichen Gebieterin, der Gottesgebärerin und immerwährenden Jungfrau Maria mit allen Heiligen gedenken, wollen wir uns selbst und einander und unser ganzes Leben Christus unserm Gott anvertrauen.

A Dir, o Herr.

Indessen betet der Priester leise:

Du hast uns diese gemeinsamen und einmütigen Gebete verliehen und uns verheißen, daß, wo zwei oder drei in Deinem Namen versammelt sind, Du ihre Bitten erhörst: so erfülle auch jetzt die Bitten Deiner Diener zu ihrem Heile; verleihe uns in dieser Welt die Erkenntnis Deiner Wahrheit und schenke uns in der zukünftigen das ewige Leben.

P Denn ein gütiger und menschenliebender Gott bist Du, und Dir senden wir Lobpreis empor, dem Vater und dem Sohne und dem Heiligen Geiste, jetzt und allezeit und von Ewigkeit zu Ewigkeit.

A Amen.

Nun geht der Diakon in den Altarraum und öffnet die königlichen Türen zum kleinen Einzug, während wir als 3. Sonntags-Antiphon die "Seligpreisungen" singen, die durch das Gebet des reuigen Schächers eingeleitet werden. Mancher-

orts werden zwischen die letzten Verse Tropare aus den Kanones des Oktoichs und des Festes eingeschoben.

3. Antiphon:

A Herr, gedenke unser, wenn Du in Dein Reich kommst!
Selig, die arm sind in ihrem Geist,
denn ihrer ist das Himmelreich.
Selig die Trauernden,
denn sie werden getröstet werden.
Selig die Machtlosen,
denn sie werden das Land erben.
Selig, die hungern und dürsten nach der Gerechtigkeit,
denn sie werden gesättigt werden.
Selig die Barmherzigen,
denn sie werden Erbarmen finden.
Selig, die rein sind im Herzen,
denn sie werden Gott schauen.
Selig die Friedenstifter,
denn sie werden Söhne Gottes genannt werden.
Selig, die Verfolgung leiden um der Gerechtigkeit willen,
denn ihrer ist das Himmelreich.
Selig seid ihr, wenn sie euch schmähen und verfolgen und lügnerisch alles Böse gegen euch sagen um meinetwillen.
Freut euch und frohlocket,
denn euer Lohn ist groß im Himmel.

Ehre sei dem Vater und dem Sohne und dem Heiligen Geiste, jetzt und allezeit und von Ewigkeit zu Ewigkeit. Amen.

Ἐν τῇ βασιλείᾳ σου μνήσθητι ἡμῶν Κύριε, ὅταν ἔλθῃς ἐν τῇ βασιλείᾳ σου. Μακάριοι οἱ πτωχοὶ τῷ πνεύματι, ὅτι αὐτῶν ἐστιν ἡ βασιλεία τῶν οὐρανῶν.

Μακάριοι οἱ πενθοῦντες, ὅτι αὐτοὶ παρακληθήσονται.

Μακάριοι οἱ πραεῖς, ὅτι αὐτοὶ κληρονομήσουσι τὴν γῆν.

Μακάριοι οἱ πεινῶντες καὶ διψῶντες τὴν δικαιοσύνην, ὅτι αὐτοὶ χορτασθήσονται.

1. Μακάριοι οἱ ἐλεήμονες, ὅτι αὐτοὶ ἐλεηθήσονται.

2. Μακάριοι οἱ καθαροὶ τῇ καρδίᾳ, ὅτι αὐτοὶ τὸν Θεὸν ὄψονται.

3. Μακάριοι οἱ εἰρηνοποιοί, ὅτι αὐτοὶ υἱοὶ Θεοῦ κληθήσονται.

4. Μακάριοι οἱ δεδιωγμένοι ἕνεκεν δικαιοσύνης, ὅτι αὐτῶν ἐστιν ἡ βασιλεία τῶν οὐρανῶν.

5. Μακάριοί ἐστε, ὅταν ὀνειδίσωσιν ὑμᾶς, καὶ διώξωσι, καὶ εἴπωσι πᾶν πονηρὸν ῥῆμα καθ' ὑμῶν, ψευδόμενοι ἕνεκεν ἐμοῦ.

6. Χαίρετε καὶ ἀγαλλιᾶσθε, ὅτι ὁ μισθὸς ὑμῶν, πολὺς ἐν τοῖς οὐρανοῖς.

7. Δόξα Πατρί, καὶ Υἱῷ καὶ Ἁγίῳ Πνεύματι.

8. Καὶ νῦν, καὶ ἀεί, καὶ εἰς τοὺς αἰῶνας τῶν αἰώνων, Ἀμήν.

Во царствїи Твоемъ помѧни насъ, Гди, ёгда прїидеши во царствїи Твоемъ.

Блажени нищїи дꙋхомъ, ꙗкѡ тѣхъ єсть царство небесное.

Блажени плачꙋщїи, ꙗкѡ тіи оутѣшатсѧ.

Блажени кротцыи, ꙗкѡ тіи наслѣдѧтъ землю.

Блаже́ни а҆лчꙋщїи и҆ жа́ждꙋщїи пра́вды, ꙗ҆́кѡ ті́и насы́тѧтсѧ.

Блаже́ни ми́лостивїи, ꙗ҆́кѡ ті́и поми́ловани бꙋ́дꙋтъ.

Блаже́ни чи́стїи се́рдцемъ, ꙗ҆́кѡ ті́и Бг҃а ѹ҆́зрѧтъ.

Блаже́ни миротво́рцы, ꙗ҆́кѡ ті́и сы́нове Бж҃їи нарекꙋ́тсѧ.

Блаже́ни и҆згна́ни пра́вды ра́ди, ꙗ҆́кѡ тѣ́хъ є҆́сть ца́рство небе́сное.

Блаже́ни є҆стѐ, є҆гда̀ поно́сѧтъ ва́мъ, и҆ и҆зженꙋ́тъ, и҆ рекꙋ́тъ всѧ́къ ѕо́лъ глаго́лъ, на вы̀ лжꙋ́ще, менє̀ ра́ди.

Ра́дꙋйтесѧ и҆ весели́тесѧ, ꙗ҆́кѡ мзда̀ ва́ша мно́га на небесѣ́хъ.

Сла́ва Ѻ҆ц҃ꙋ, и҆ Сн҃ꙋ, и҆ свято́мꙋ Дх҃ꙋ, и҆ ны́нѣ и҆ при́снѡ, и҆ во вѣ́ки вѣкѡ́въ. А҆ми́нь.

Kleiner Einzug:

Priester und Diakon verbeugen sich dreimal vor dem Altar; der Priester nimmt das heilige Evangelium, reicht es dem Diakon und geht nach ihm rechts um den Altar zur nördlichen Türe hinaus; voran schreiten die Diener mit brennenden Kerzen.

Vor den königlichen Türen bleiben alle stehen, verneigen sich und der Diakon sagt leise:

Diakon: Laßt uns den Herrn bitten.

[*Diakon/Alle:* Herr, erbarme Dich/ Kirie eleison]

Der Priester betet leise:

Gebieter, o Herr, unser Gott, Du hast in den Himmeln die Ordnungen und die Heere der Engel und Erzengel zum Dienste Deiner Herrlichkeit eingesetzt: Laß mit unserem Einzug die heiligen Engel Einzug halten, die mit uns dienen und mit uns rühmen Deine Huld.
Denn Dir gebührt aller Ruhm, alle Ehre und Anbetung, dem Vater und dem Sohne und dem Heiligen Geiste, jetzt und allezeit und von Ewigkeit zu Ewigkeit. Amen.

Diakon: Segne, Herr, den heiligen Einzug.

Der Priester segnet und spricht:

Gepriesen sei der Einzug Deiner Heiligen immerdar, jetzt und allezeit und von Ewigkeit zu Ewigkeit. Amen.

Der Priester küßt das Evangelium; der Diakon stellt sich, gegen Osten gewendet, mitten in die königlichen Türen, und nach Beendigung des Gesanges hebt er das Evangelium hoch und ruft:

D Weisheit! Stehet aufrecht!

Die Zelebranten gehen in den Altarraum hinein, während gesungen wird:

A Kommt und laßt uns anbeten und niederfallen vor Christus! Errette uns, Sohn Gottes, *(an einem Sonntag:)* von den Toten erstanden *(an gewöhnlichen Tagen:* wunderbar in Deinen Heiligen; *an den Tagen der Gottesmutter:* auf die Fürbitten der Gottesgebärerin) die wir Dir singen: Alleluja.

Δεῦτε, προσκυνήσωμεν καὶ προσπέσωμεν Χριστῷ· σῶσον ἡμᾶς, Υἱὲ Θεοῦ, ὁ ἐν Ἁγίοις θαυμαστός (εἰ δ' ἔστι Κυριακή, λέγεται· ... ὁ ἀναστὰς ἐκ νεκρῶν), ψάλλοντάς σοι· Ἀλληλούϊα.

Ли́къ: Прїиди́те, поклони́мсѧ и припаде́мъ ко Хрту̀.

Спаси́ ны, Сне Бжїй, во свѧты́хъ ди́венъ сы́й, пою́щыѧ ти: аллилу́їа.

А́ще же недѣ́лѧ, глаго́лемъ: Спаси́ ны, Сне Бжїй, воскресы́й изъ ме́ртвыхъ, пою́щыѧ ти: аллилу́їа.

Hierauf folgen Tropar und Kondak.

Trisagion:

Während Tropar und Kondak gesungen wird, betet der Priester leise:

Heiliger Gott, Du ruhst in den Heiligen; durch das "Dreimal-Heilig" der Seraphim wirst Du besungen, durch die Cherubim verherrlicht, und von allen himmlischen Mächten angebetet; Du hast alle Dinge aus dem Nichtsein ins Dasein gebracht, den Menschen nach Deinem Bilde und Gleichnis erschaffen, und ihn mit jeglicher Gnadengabe geschmückt; Du gibst dem Bittenden Weisheit und Verstand und verwirfst den Sünder nicht, sondern legst ihm Buße auf zur Rettung; Du hast uns, Deine niedrigen und unwürdigen Diener, gewürdigt, auch zu dieser Stunde vor der Herrlichkeit Deines heiligen Opferaltares zu stehen, und Dir das Lob und die Anbetung, die Dir gebührt, darzubringen: Gebieter, nimm aus dem Munde von uns Sündern diesen dreimal-heiligen Lobgesang an, und suche uns heim in Deiner Güte. Vergib uns jede Sünde, vorsätzliche und unvorsätzliche; heilige unsere Seelen und Leiber, und gib, daß wir in Heiligkeit Dir dienen alle Tage unseres Lebens: auf die Fürbitten der heiligen Gottesgebärerin und aller Heiligen, die Dir von Ewigkeit an wohlgefallen haben.

Der Diakon beugt sein Haupt, und indem er das Orarion hält, sagt er zum Priester:

Segne, Herr, die Zeit des Trisagions.

P Denn heilig bist Du, unser Gott, und Dir senden wir Lobpreis empor, dem Vater und dem Sohne und dem Heiligen Geiste, jetzt und allezeit.

Sodann kommt der Diakon zu den königlichen Türen und spricht:

D   Und von Ewigkeit zu Ewigkeit.

A   Amen.

Heiliger Gott, Heiliger Starker, Heiliger Unsterblicher; erbarme Dich unser. *(dreimal)*
Ehre sei dem Vater und dem Sohne und dem Heiligen Geiste, jetzt und allezeit und von Ewigkeit zu Ewigkeit. Amen.
Heiliger Unsterblicher, erbarme Dich unser.
Heiliger Gott, Heiliger Starker, Heiliger Unsterblicher; erbarme Dich unser.

Ἅγιος ὁ Θεός, Ἅγιος Ἰσχυρός, Ἅγιος Ἀθάνατος, ἐλέησον ἡμᾶς. (Τρίς).

Δόξα Πατρί, καὶ Υἱῷ, καὶ Ἁγίῳ Πνεύματι· καὶ νῦν, καὶ ἀεί, καὶ εἰς τοὺς αἰῶνας τῶν αἰώνων. Ἀμήν.

Ἅγιος Ἀθάνατος, ἐλέησον ἡμᾶς.

Ὁ Διάκονος· Δύναμις.

Καὶ πάλιν· Ἅγιος ὁ Θεός, Ἅγιος Ἰσχυρός, Ἅγιος Ἀθάνατος, ἐλέησον ἡμᾶς.

Свѧты́й Бже, свѧты́й крѣ́пкїй, свѧты́й безсме́ртный, поми́лȣй на́съ. Три́жды.

Слáва Ѻцу̀, и҆ Сн҃у, и҆ свѧто́му Дх҃у, и҆ ны́нѣ и҆ при́снѡ, и҆ во вѣ́ки вѣкѡ́въ, а҆ми́нь.

Свѧты́й безсме́ртный, поми́луй на́съ.

Свѧты́й Бж҃е, свѧты́й крѣ́пкїй, свѧты́й безсме́ртный, поми́луй на́съ.

Währenddessen sprechen Priester und Diakon das Trisagion und machen drei Verbeugungen vor dem Altar. Dann sagt der Diakon zum Priester:

Diakon: Befiehl, Herr.

Sie gehen zum erhöhten Platz im Altarraum und der Priester sagt im Gehen:

Priester: Gepriesen sei, der da kommt im Namen des Herrn.
Diakon: Segne, Herr, den erhabenen Thron.

Priester: Hochgelobt bist Du auf dem Throne der Herrlichkeit Deines Reiches, der Du thronst über den Cherubim immerdar, jetzt und allezeit und von Ewigkeit zu Ewigkeit. Amen.

Schriftlesungen:

Nach dem Trisagion tritt der Diakon in die königlichen Türen und ruft:

D Seien wir aufmerksam!

P Friede allen.

L Und mit deinem Geiste.

D Weisheit!

Prokimen:

Der Lektor singt abwechslungsweise mit dem Volk das Prokimen, einen gewöhnlich den Psalmen entnommenen Vers.

Epistel:

D Weisheit!

L Lesung aus der Apostelgeschichte, *oder:* Lesung aus dem Brief des heiligen Apostels N.N.

D Seien wir aufmerksam!

Während der Lektor liest, nimmt der Diakon das Rauchfaß, geht zum Priester und empfängt von ihm den Segen. Er beräuchert dann, leise den 50. Psalm betend, den Altar, die Ikono-

stase, den Priester, die Sänger, den Lektor, das Volk, und wieder den Altar und den Priester.

Gegen Ende der Epistellesung kehrt der Priester zum Altar zurück und liest nun leise das Gebet vor dem Evangelium:

Laß strahlen in unseren Herzen, o menschenliebender Gebieter, das unvergängliche Licht Deiner göttlichen Erkenntnis, und öffne die Augen unseres Verstandes zum Verständnis der Botschaft des Evangeliums. Pflanze in uns die Ehrfurcht vor Deinen seligmachenden Geboten, damit wir alle fleischlichen Begierden unterdrücken und einen geistlichen Lebenswandel führen, in allem nach Deinem Wohlgefallen denken und tun; denn Du bist die Erleuchtung unserer Seelen und Leiber, Christus, unser Gott, und Dir senden wir Lobpreis empor, mit Deinem anfanglosen Vater und Deinem hochheiligen, gütigen und lebenspendenden Geiste, jetzt und allezeit und von Ewigkeit zu Ewigkeit. Amen.

Dann spricht der Priester zum Lektor:

P Friede dir.

L Und mit deinem Geiste.

L Alleluja, Alleluja, Alleluja.

A Alleluja, Alleluja, Alleluja.

Der Lektor singt zwei dazugehörige Verse. Nach jedem Vers wird das Alleluja dreimal wiederholt.

Evangelium:

Der Diakon trägt das Rauchfaß an seinen Ort und geht zum Priester, neigt sein Haupt vor ihm, weist mit dem Orarion auf das heilige Evangelium und spricht:

D Segne, Herr, den Verkünder des heiligen, glorreichen und ruhmvollen Apostels und Evangelisten N.N.

Der Priester segnet ihn und spricht:

P Auf die Fürbitten des heiligen, glorreichen und ruhmvollen Apostels und Evangelisten N.N. gewähre dir Gott, sein Wort mit großer Kraft zu verkünden, zur Erfüllung des Evangeliums seines geliebten Sohnes, unseres Herrn, Jesus Christus.

D Amen.

Er verbeugt sich vor dem Evangelium. Der Priester reicht ihm das Buch. Der Diakon geht durch die königlichen Türen hinaus und wendet sich gegen Osten zur Verkündigung des Evangeliums. Die Diener stellen sich mit brennenden Kerzen neben ihn.

Der Priester steht vor dem Altar, wendet sich gegen Westen und ruft:

P Weisheit! Stehet aufrecht! Laßt uns hören das heilige Evangelium.

P Friede allen.

A Und mit deinem Geiste.

D Lesung aus dem heiligen Evangelium nach N.N.

A Ehre sei Dir, o Herr, Ehre sei Dir!

P Seien wir aufmerksam!

Der Diakon liest das Evangelium, und dann segnet ihn der Priester:

P Friede dir, der du das Evangelium verkündigst.

A Ehre sei Dir, o Herr, Ehre sei Dir!

Dann geht der Diakon zu den königlichen Türen zurück und reicht dem Priester das Evangelium zum Kuß. Die königlichen Türen werden geschlossen. Der Diakon singt von seinem Platz aus die inständige Litanei:

Inständige Litanei:

D Laßt uns alle aus ganzer Seele und aus ganzem Herzen sprechen.

A Herr, erbarme Dich / Kirie eleison *(einmal)*

D Herr, Allherrscher, Gott unserer Väter, wir bitten Dich, erhöre uns und erbarme Dich.

A Herr, erbarme Dich / Kirie eleison *(einmal)*

D Erbarme Dich unser, o Gott, nach Deiner großen Barmherzigkeit, wir bitten Dich, erhöre uns und erbarme Dich.

A Herr, erbarme Dich / Kirie eleison *(dreimal)*

An dieser Stelle betet der Priester leise das inständige Gebet:

Herr, unser Gott, nimm dieses inständige Gebet von Deinen Dienern an, und erbarme Dich unser nach Deiner großen Barmherzigkeit; sende Dein Erbarmen herab auf uns und auf Dein ganzes Volk, das da harret auf Dein überreiches Erbarmen.

D Laßt uns auch bitten für unseren ehrwürdigen (Erz-) Bischof N.N. und für alle, die wir Brüder und Schwestern sind in Christus.

A Herr, erbarme Dich / Kirie eleison *(dreimal)*

D Laßt uns auch bitten für unser Volk und unser Land, für alle, die es regieren und beschützen.

A Herr, erbarme Dich / Kirie eleison *(dreimal)*

D Laßt uns auch bitten für unsere Brüder, die Priester und Priestermönche (Diakone und Mönche) und für alle unsere Brüder in Christus.

A Herr, erbarme Dich / Kirie eleison *(dreimal)*

D Laßt uns auch bitten um Erbarmen, Leben, Frieden, Gesundheit, Rettung, Verzeihung und Vergebung der Sünden der Diener Gottes, der Brüder dieser heiligen Kirche *(oder:* dieses heiligen Klosters).

A Herr, erbarme Dich / Kirie eleison *(dreimal)*

D Laßt uns auch bitten für die seligen, unseres Andenkens würdigen, rechtgläubigen Patriarchen, die Stifter dieser heiligen Kirche *(oder:* dieses heiligen Klosters) und für alle unsere verstorbenen rechtgläubigen Väter und Brüder, die hier und an anderen Orten in Frieden ruhen.

A Herr, erbarme Dich / Kirie eleison *(dreimal)*

D Laßt uns auch bitten für die, die Früchte darbringen und Gutes tun in dieser heiligen und ehrwürdigen Kirche, die hier wirken, die singen, und für das anwesende Volk, das Deine große Güte und Deine überreiche Barmherzigkeit erwartet.

A Herr, erbarme Dich / Kirie eleison *(dreimal)*

P Denn ein gütiger und menschenliebender Gott bist Du, und Dir senden wir Lobpreis empor, dem Vater und dem Sohne und dem Heiligen Geiste, jetzt und allezeit und von Ewigkeit zu Ewigkeit.

A Amen.

An dieser Stelle kann die Litanei für die Verstorbenen folgen. An großen Feiertagen findet sie nicht statt.

Litanei für die Verstorbenen:

D Erbarme Dich unser, Gott, nach Deiner großen Barmherzigkeit, wir bitten Dich, erhöre uns und erbarme Dich.

A Herr, erbarme Dich / Kirie eleison *(dreimal)*

D Wir bitten Dich auch um die Seelenruhe Deines entschlafenen Dieners (Deiner entschlafenen Diener(in)) Gottes N.N. und um die Vergebung aller seiner (ihrer) absichtlichen und unabsichtlichen Sünden.

A Herr, erbarme Dich / Kirie eleison *(dreimal)*

D Daß Gott, der Herr, seine (ihre) Seele(n) an den Ort bringe, wo die Gerechten ruhen.

A Herr, erbarme Dich / Kirie eleison *(dreimal)*

D Das Erbarmen Gottes, das Himmelreich und die Vergebung seiner (ihrer) Sünden laßt uns von Christus, dem unsterblichen König und unserem Gott, erbitten.

A Gewähr' es, o Herr.

D Laßt uns den Herrn bitten.

A Herr, erbarme Dich / Kirie eleison

Der Priester betet leise das Gebet für die Verstorbenen:

Gott der Geister und allen Fleisches, Du hast den Tod überwunden, dem Teufel die Macht genommen und Deiner Welt das Leben geschenkt; Du selbst, o Herr, laß ruhen die Seele(n) Deines entschlafenen Dieners (Deiner entschlafenen Diener(in)) N.N., am Ort des Lichtes, am Ort der Wonne, am Ort der Erquickung, wo weder Schmerz, noch Trauer, noch Klage sind; vergib ihm (ihr, ihnen) alle Sünden in Gedanken, Worten oder Werken, denn Du bist ein gütiger und menschenliebender Gott. Es gibt ja keinen Menschen, der lebt und nicht sündigt: Du allein bist ohne Sünde; Deine Gerechtigkeit währet für und für, und Dein Wort ist Wahrheit.

P Denn Du bist die Auferstehung, das Leben und die Ruhe Deines entschlafenen Dieners (Deiner entschlafenen Diener(in)) N.N., Christus, unser Gott, und Dir senden wir Lobpreis empor, zusammen mit Deinem anfanglosen Vater und Deinem hochheiligen, gütigen und lebenspendenden Geiste, jetzt und allezeit und von Ewigkeit zu Ewigkeit.

A Amen.

Die folgenden Litaneien werden heute oft ausgelassen:

Litanei für die Katechumenen:

D Betet, ihr Katechumenen, zum Herrn.

A Herr, erbarme Dich / Kirie eleison

D Gläubige, laßt uns für die Katechumenen bitten, daß der Herr sich ihrer erbarme.

A Herr, erbarme Dich / Kirie eleison

D Daß er sie im Worte der Wahrheit unterweise.

A Herr, erbarme Dich / Kirie eleison

D Daß er ihnen das Evangelium der Gerechtigkeit offenbare.

A Herr, erbarme Dich / Kirie eleison

D Daß er sie mit seiner heiligen, katholischen und apostolischen Kirche vereinige.

A Herr, erbarme Dich / Kirie eleison

D Hilf ihnen, errette sie, erbarme Dich ihrer und wache über sie, o Gott, durch Deine Gnade.

A Herr, erbarme Dich / Kirie eleison

D Katechumenen, beugt euer Haupt vor dem Herrn.

A Vor Dir, o Herr.

Der Priester betet leise für die Katechumenen:

Herr, unser Gott, Du wohnst in den Höhen und schaust auf das Niedrige herab. Du hast dem Menschengeschlecht zur Erlösung Deinen eingeborenen Sohn Jesus Christus, unseren Gott und Herrn, gesandt. Siehe auf Deine Diener, diese Katechumenen herab, die ihr Haupt vor Dir beugen, und mache sie zur rechten Zeit des Bades der Wiedergeburt, der Vergebung der Sünden und des Kleides der Unverweslichkeit würdig. Vereinige sie mit Deiner heiligen, katholischen und apostolischen Kirche, und zähle sie zu Deiner auserwählten Herde.

P Daß auch sie mit uns preisen Deinen allverehrten und hocherhabenen Namen des Vaters, und des Sohnes, und des Heiligen Geistes. Jetzt und allezeit und von Ewigkeit zu Ewigkeit.

A Amen.

D Ihr Katechumenen, geht alle hinaus! Ihr Katechumenen, geht hinaus! Ihr Katechumenen, geht alle hinaus! Keiner der Katechumenen bleibe da!

Hiermit endet die Liturgie der Katechumenen, es beginnt die Liturgie der Gläubigen.

III. LITURGIE DER GLÄUBIGEN

D Alle ihr Gläubigen, wieder und wieder laßt uns in Frieden den Herrn bitten.

A Herr, erbarme Dich / Kirie eleison

Der Priester betet leise für die Gläubigen:

Wir danken Dir, o Herr, Gott der Mächte, daß Du uns gewürdigt hast, auch jetzt vor Deinem heiligen Opferaltar zu stehen und Dein Erbarmen anzuflehen für unsere Sünden und für die Unwissenheit des Volkes. Nimm unsere Bitte an, o Gott; mache uns würdig, Dir Gebet, Bitten und unblutige Opfer für Dein ganzes Volk darzubringen. Befähige uns, die Du zu diesem Deinem Dienste eingesetzt hast, durch die Kraft Deines Heiligen Geistes, Dich ohne Tadel und Ärgernis, mit dem Zeugnis eines reinen Gewissens, zu jeder Zeit und an allen Orten anzurufen; auf daß Du uns erhörst und uns gnädig seiest in Deiner großen Güte.

D Hilf, errette, erbarme Dich und wache über uns, o Gott, durch Deine Gnade.

A Herr, erbarme Dich / Kirie eleison

D Weisheit!

P Denn Dir gebührt aller Ruhm, alle Ehre und Anbetung, dem Vater und dem Sohne und dem Heiligen Geiste, jetzt und allezeit und von Ewigkeit zu Ewigkeit.

A Amen.

D Wieder und wieder laßt uns in Frieden den Herrn bitten.

A Herr, erbarme Dich / Kirie eleison

Wenn der Priester ohne Diakon zelebriert, werden die vier folgenden Bitten ausgelassen.

D Um den Frieden von oben und das Heil unserer Seelen laßt uns den Herrn bitten.

A Herr, erbarme Dich / Kirie eleison

D Um den Frieden für die ganze Welt, um das Wohl der Heiligen Kirchen Gottes und um die Einigung aller laßt uns den Herrn bitten.

A Herr, erbarme Dich / Kirie eleison

D Für dieses heilige Haus und für alle, die mit Glauben, Frömmigkeit und Gottesfurcht hier eintreten, laßt uns den Herrn bitten.

A Herr, erbarme Dich / Kirie eleison

D Um unsere Erlösung von aller Trübsal, von Zorn, Not und Gefahr laßt uns den Herrn bitten.

A Herr, erbarme Dich / Kirie eleison

Der Priester betet leise für die Gläubigen:

Wieder und immer wieder fallen wir vor Dir nieder und bitten Dich, o Gütiger und Menschenliebender, sieh herab auf unser Gebet, reinige unsere Seelen und Leiber von aller Befleckung des Leibes und der Seele, und verleihe uns, ohne Schuld und Tadel vor Deinem heiligen Opferaltare zu stehen. Verleihe, o Gott, denen, die mit uns beten, zu wachsen an Leben im Glauben und an geistlichem Verständnis; gib ihnen, die allezeit mit Furcht und Liebe Dir dienen, daß sie ohne Schuld und Verdammung an Deinen heiligen Geheimnissen teilnehmen und so Deines himmlischen Reiches teilhaftig werden.

D Hilf, errette, erbarme Dich und wache über uns, o Gott, durch Deine Gnade.

A Herr, erbarme Dich / Kirie eleison

D Weisheit!

P Daß wir, von Deiner Macht allezeit behütet, Dir Lobpreis emporsenden, dem Vater und dem Sohne und dem Heiligen Geiste, jetzt und allezeit und von Ewigkeit zu Ewigkeit.

A Amen.

Der Diakon geht in den Altarraum und öffnet die königlichen Türen. Er nimmt sodann das Rauchfaß, empfängt den Segen des Priesters und beräuchert, indem er leise den 50. Psalm betet, ringsum den Altar, den ganzen Altarraum, die Ikonostase, den Priester, die Sänger, das Volk und schließlich wieder den Altar und den Priester.

Wir singen unterdessen die erste Hälfte des Hymnus der Cherubim:

A Himmlische Heere der Cherubim stellen wir in mystischem Geheimnis dar und singen der lebenspendenden Dreifaltigkeit den Lobgesang des Dreimalheilig. All' irdische Sorge laßt uns nun vergessen!

Οἱ τὰ Χερουβὶμ μυστικῶς εἰκονίζοντες, καὶ τῇ ζωοποιῷ Τριάδι τὸν τρισάγιον ὕμνον προσᾴδοντες, πᾶσαν τὴν βιωτικὴν ἀποθώμεθα μέριμναν.

Ликъ: Иже херувімы тайнw wбразующе, и животворящей Троицѣ трисвятую пѣснь припѣвающе, всякое нынѣ житейское ѿложимъ попеченїе.

Indessen betet der Priester mit leiser Stimme:

Niemand ist würdig, heranzutreten, sich zu nahen oder Dir zu dienen, o König der Herrlichkeit, wenn ihn noch fleischliche Begierden und Lüste fesseln; denn Dir zu dienen ist etwas Großes und Furchtgebietendes, selbst für die himmlischen Mächte. Aber dennoch bist Du in Deiner unaussprechlichen und unvergleichlichen Menschenliebe ohne jede Wandlung und Veränderung Mensch geworden und unser Hoherpriester gewesen, und hast uns als Gebieter des Alls den priesterlichen Dienst dieses liturgischen und unblutigen Opfers anvertraut; denn Du allein, o Herr, unser Gott, herrschst über alles, was im Himmel und auf Erden ist, der Du auf dem

Thron der Cherubim getragen wirst, Du Herr der Seraphim und der König Israels, der Du allein heilig bist und in den Heiligen ruhst. Darum rufe ich Dich an, allein Gütiger und Huldvoller: Schau herab auf mich, Deinen sündigen und unnützen Diener, reinige meine Seele und mein Herz vom bösen Gewissen und mache mich, bekleidet mit der Gnade des Priestertums, durch die Kraft Deines Heiligen Geistes fähig, hier an Deinem heiligen Tische zu stehen und an Deinem heiligen und reinsten Leib und an Deinem kostbaren Blut den Priesterdienst zu vollziehen. Ich nahe mich Dir mit gebeugtem Haupt und flehe demütig: Wende Dein Angesicht nicht ab von mir und verstoße mich nicht aus der Zahl Deiner Kinder, sondern mache mich, Deinen sündigen und unwürdigen Diener, würdig, Dir diese Gaben darzubringen. Denn Du, Christus, unser Gott, opferst und wirst geopfert, empfängst und wirst ausgeteilt, und Dir senden wir Lobpreis empor, zusammen mit Deinem anfanglosen Vater und Deinem hochheiligen, gütigen und lebenspendenden Geiste, jetzt und allezeit und von Ewigkeit zu Ewigkeit. Amen.

Der Priester betet mit ausgebreiteten, erhobenen Armen dreimal den ersten Teil des Hymnus der Cherubim, der Diakon dazu jedesmal den zweiten Teil. Danach gehen sie zur Prothesis und sagen leise:

Gott, reinige mich Sünder. *(dreimal)*

Der Diakon sagt nun zum Priester:

Hebe auf, Herr.

Der Priester nimmt den Aër, legt ihn auf die linke Schulter des Diakons und sagt:

Hebt eure Hände auf zum Heiligtum und lobt den Herrn.

Dann nimmt er den heiligen Diskos und setzt ihn auf das Haupt des Diakons, der Priester selbst nimmt den heiligen Kelch. Angeführt von den Kerzenträgern bewegt sich die Prozession durch die nördliche Tür ins Schiff zu den königlichen Türen.

Großer Einzug:

D,P Unseres heiligen Herrn und Vaters N.N. (des Patriarchen / Erzbischofs / Bischofs, unserer Regierung / Stifters / Wohltäters N.N.) gedenke der Herr, unser Gott, in seinem Reiche immerdar, jetzt und allezeit und von Ewigkeit zu Ewigkeit.

Der Diakon geht durch die königlichen Türen hinein und stellt sich auf die rechte Seite des Altars. Der Priester aber wendet sich zum Volk und spricht:

P Euer aller, rechtgläubige Christen, gedenke Gott, der Herr, in seinem Reiche immerdar, jetzt und allezeit und von Ewigkeit zu Ewigkeit.

A Amen.

Der Chor singt den 2. Teil des Hymnus der Cherubim:

A Auf daß wir empfangen den König des Alls, der von speertragenden Engelscharen unsichtbar geleitet wird. Alleluja, Alleluja, Alleluja.

Ὡς τὸν Βασιλέα τῶν ὅλων ὑποδεξόμενοι, ταῖς ἀγγελικαῖς ἀοράτως δορυφορούμενον τάξεσιν. Ἀλληλούϊα, ἀλληλούϊα, ἀλληλούϊα.

Ꙗкѡ да царѧ всѣхъ подимемъ, ангельскими невидимѡ дорѷносима чинми. Аллилѹїа, аллилѹїа, аллилѹїа.

Wenn der Priester hineingeht, sagt der Diakon zu ihm:

Gott, der Herr, gedenke deines Priestertums in seinem Reiche immerdar, jetzt und allezeit und von Ewigkeit zu Ewigkeit.

Priester: Gott, der Herr, gedenke deines heiligen Diakonats in seinem Reiche immerdar, jetzt und allezeit und von Ewigkeit zu Ewigkeit.

Der Priester stellt den Kelch und den Diskos auf den Altar und betet leise:

Der ehrwürdige Joseph nahm Deinen makellosen Leib vom Holze herab, hüllte ihn in reine Linnen, bedeckte ihn mit wohlriechenden Kräutern und legte ihn in ein neues Grab.

Im Grabe warst Du mit dem Leibe, in der Unterwelt mit der Seele als Gott, im Paradiese mit dem Schächer, und auf dem Throne saßest Du, Christus, mit dem Vater und dem Geiste; alles hast Du erfüllt, Unermeßlicher.

Lebenspendend und schöner als das Paradies, und in Wahrheit glänzender als jeder königliche Prunksaal erschien, Christus, Dein Grab, der Quell unserer Auferstehung.

Der Priester bedeckt mit dem Aër die heiligen Gaben, beräuchert sie und betet leise:

Der ehrwürdige Joseph nahm Deinen makellosen Leib vom Holze herab, hüllte ihn in reine Linnen, bedeckte ihn mit wohlriechenden Kräutern und legte ihn in ein neues Grab.

Wirke, Herr, in Gnade nach Deinem guten Willen an Zion, damit die Mauern Jerusalems erbaut werden. Dann wirst Du annehmen das Opfer der Gerechtigkeit, Gaben und Brandopfer; dann wird man Kälber auf Deinen Altar legen.

Der Diakon schließt die königlichen Türen und zieht den Vorhang zu:

Priester: Gedenke meiner, Bruder und Konzelebrant.

Diakon: Gott, der Herr, gedenke deines Priestertums in seinem Reiche (immerdar, jetzt und allezeit und von Ewigkeit zu Ewigkeit). Bitte für mich, heiliger Herr.

Priester: Der Heilige Geist wird über dich kommen, und die Kraft des Allerhöchsten wird dich überschatten.

Diakon: Derselbe Geist wird mit uns wirken alle Tage unseres Lebens. Gedenke meiner, heiliger Herr.

Priester: Gott, der Herr, gedenke deiner in seinem Reiche immerdar, jetzt und allezeit und von Ewigkeit zu Ewigkeit.

Diakon: Amen.

Der Diakon geht zur nördlichen Türe hinaus und singt die Bittlitanei.

Bittlitanei:

D   Laßt uns vollenden unser Gebet vor dem Herrn.

A   Herr, erbarme Dich / Kirie eleison

D   Für die dargebrachten, kostbaren Gaben laßt uns den Herrn bitten.

A   Herr, erbarme Dich / Kirie eleison

D   Für dieses heilige Haus und für alle, die mit Glauben, Frömmigkeit und Gottesfurcht hier eintreten, laßt uns den Herrn bitten.

A   Herr, erbarme Dich / Kirie eleison

D   Um unsere Erlösung von aller Trübsal, von Zorn und Not und Gefahr laßt uns den Herrn bitten.

A   Herr, erbarme Dich / Kirie eleison

Der Priester betet leise:

Herr, Gott, Allherrscher, allein Heiliger, Du nimmst das Lobopfer von denen an, die Dich aus ganzem Herzen anrufen. Nimm auch das Gebet von uns Sündern an, bringe es auf Deinen heiligen Altar und mache uns fähig, Dir geistige Gaben und Opfer für unsere eigenen Sünden und für die Unachtsamkeiten Deines Volkes darzubringen. Würdige uns, Gnade vor Dir zu finden, daß unser Opfer Dir wohlgefällig sei, und der gute Geist Deiner Gnade auf uns, auf diesen hier bereiteten Gaben und auf Deinem ganzen Volke ruhe.

D Hilf, errette, erbarme Dich und wache über uns, o Gott, durch Deine Gnade.

A Herr, erbarme Dich / Kirie eleison

D Daß der ganze Tag vollkommen, heilig, friedvoll und ohne Sünde sei, laßt uns vom Herrn erflehen.

A Gewähr' es, o Herr.

D Einen Engel des Friedens, einen treuen Führer und Beschützer für Seele und Leib, laßt uns vom Herrn erflehen.

A Gewähr' es, o Herr.

D Verzeihung und Vergebung unserer Sünden und Verfehlungen laßt uns vom Herrn erflehen.

A Gewähr' es, o Herr.

D Das Gute und Heilsame für unsere Seelen und den Frieden für die Welt laßt uns vom Herrn erflehen.

A Gewähr' es, o Herr.

D Daß wir die restliche Zeit unseres Lebens in Frieden und Buße vollenden, laßt uns vom Herrn erflehen.

A Gewähr' es, o Herr.

D Ein christliches Ende unseres Lebens, ohne Qual und Schande und in Frieden, und eine gute Rechtfertigung vor dem furchtgebietenden Richterstuhl Christi laßt uns vom Herrn erflehen.

A Gewähr' es, o Herr.

D Da wir unserer hochheiligen, makellosen, hochgelobten und ruhmreichen Gebieterin, der Gottesgebärerin und immerwährenden Jungfrau Maria mit allen Heiligen gedenken, wollen wir uns selbst und einander und unser ganzes Leben Christus unserm Gott anvertrauen.

A Dir, o Herr.

P Durch das Erbarmen Deines eingeborenen Sohnes, mit dem Du gepriesen wirst, zusammen mit Deinem hochheiligen, gütigen und lebenspendenden Geiste, jetzt und allezeit und von Ewigkeit zu Ewigkeit.

A Amen.

Der Priester segnet das Volk:

P Friede allen.

A Und mit deinem Geiste.

D Lasset uns einander lieben, damit wir einmütig bekennen:

A Den Vater, und den Sohn und den Heiligen Geist, die wesenseine und ungeteilte Dreifaltigkeit.

Ὁ Χορός· Πατέρα, Υἱόν, καὶ Ἅγιον Πνεῦμα, Τριάδα ὁμοούσιον καὶ ἀχώριστον.

Ликъ: Ѻ҆ца̀ и҆ Сн҃а и҆ свѧта́гѡ Дх҃а, Трцу̀ є҆диносу́щную и҆ нераздѣ́льную.

Der Priester macht drei Verbeugungen und spricht:

Ich will Dich lieben, Herr, meine Stärke; der Herr ist meine Burg und meine Zuflucht. *(dreimal)*

Dann küßt er die heiligen Gaben und den Altar und tauscht mit den Konzelebranten den Friedenskuß mit den Worten: "Christus ist mitten unter uns". Jeder antwortet: "Er ist es, und wird es sein." Der Diakon küßt sein Orarion auf das Kreuz, verbeugt sich und ruft:

D Die Türen, die Türen! Seien wir in Weisheit aufmerksam!

Glaubensbekenntnis:

Der Vorhang wird zurückgezogen. Der Priester bewegt den Aër über den heiligen Gaben und spricht mit dem Volk das Glaubensbekenntnis:

Ich glaube an den einen Gott,
den Vater, den Allmächtigen,
der alles geschaffen hat, Himmel und Erde,
die sichtbare und die unsichtbare Welt.
Und an den einen Herrn Jesus Christus,
Gottes eingeborenen Sohn,
aus dem Vater geboren vor aller Zeit:
Licht vom Licht, wahrer Gott vom wahren Gott,
gezeugt, nicht geschaffen, eines Wesens mit dem Vater;
durch ihn ist alles geschaffen.
Für uns Menschen und zu unserm Heil ist er vom Himmel gekommen,
hat Fleisch angenommen durch den Heiligen Geist
von der Jungfrau Maria und ist Mensch geworden.
Er wurde für uns gekreuzigt unter Pontius Pilatus,
hat gelitten und ist begraben worden,
ist am dritten Tage auferstanden nach der Schrift
und aufgefahren in den Himmel.
Er sitzt zur Rechten des Vaters
und wird wiederkommen in Herrlichkeit,
zu richten die Lebenden und die Toten;
seiner Herrschaft wird kein Ende sein.
Und an den Heiligen Geist,
der Herr ist und lebendig macht,
der aus dem Vater hervorgeht,

der mit dem Vater und dem Sohn angebetet und verherrlicht wird,
der gesprochen hat durch die Propheten,
und die eine, heilige, katholische und apostolische Kirche.
Ich bekenne die eine Taufe zur Vergebung der Sünden.
Ich erwarte die Auferstehung der Toten
und das Leben der kommenden Welt. Amen.

Πιστεύω εἰς ἕνα Θεόν, Πατέρα παντοκράτορα, ποιητὴν οὐρανοῦ καὶ γῆς, ὁρατῶν τε πάντων καὶ ἀοράτων. Καὶ εἰς ἕνα Κύριον, Ἰησοῦν Χριστόν, τὸν Υἱὸν τοῦ Θεοῦ τὸν Μονογενῆ, τὸν ἐκ τοῦ Πατρὸς γεννηθέντα πρὸ πάντων τῶν αἰώνων. Φῶς ἐκ Φωτός, Θεὸν ἀληθινὸν ἐκ Θεοῦ ἀληθινοῦ, γεννηθέντα, οὐ ποιηθέντα, ὁμοούσιον τῷ Πατρί, δι' οὗ τὰ πάντα ἐγένετο. Τὸν δι' ἡμᾶς τοὺς ἀνθρώπους, καὶ διὰ τὴν ἡμετέραν σωτηρίαν κατελθόντα ἐκ τῶν οὐρανῶν, καὶ σαρκωθέντα ἐκ Πνεύματος Ἁγίου καὶ Μαρίας τῆς Παρθένου, καὶ ἐνανθρωπήσαντα. Σραυρωθέντα τε ὑπὲρ ἡμῶν ἐπὶ Ποντίου Πιλάτου, καὶ παθόντα, καὶ ταφέντα. Καὶ ἀναστάντα τῇ τρίτῃ ἡμέρᾳ, κατὰ τὰς Γραφάς. Καὶ ἀνελθόντα εἰς τοὺς οὐρανούς, καὶ καθεζόμενον ἐκ δεξιῶν τοῦ Πατρός. Καὶ πάλιν ἐρχόμενον μετὰ δόξης, κρῖναι ζῶντας καὶ νεκρούς· οὗ τῆς βασιλείας οὐκ ἔσται τέλος. Καὶ εἰς τὸ Πνεῦμα τὸ Ἅγιον, τὸ Κύριον, τὸ Ζωοποιόν, τὸ ἐκ τοῦ Πατρὸς ἐκπορευόμενον, τὸ σὺν Πατρὶ καὶ Υἱῷ συμπροσκυνούμενον καὶ συνδοξαζόμενον, τὸ λαλῆσαν διὰ τῶν Προφητῶν. Εἰς μίαν, ἁγίαν, καθολικὴν καὶ ἀποστολικὴν Ἐκκλησίαν. Ὁμολογῶ ἓν Βάπτισμα εἰς ἄφεσιν ἁμαρτιῶν. Προσδοκῶ ἀνάστασιν νεκρῶν, καὶ ζωὴν τοῦ μέλλοντος αἰῶνος. Ἀμήν.

Вѣ́рую во є҆ди́наго Бг҃а Ѻ҆ц҃а̀ вседержи́телѧ, творца̀ нб҃ꙋ̀ и҆ землѝ, ви́димымъ же всѣ̑мъ и҆ неви́димымъ. И҆ во є҆ди́наго Гд҃а І҆и҃са Хрт҃а̀, Сн҃а бж҃їѧ, є҆диноро́днаго, и҆́же ѿ Ѻ҆ц҃а̀ рожде́ннаго пре́жде всѣ́хъ вѣ̑къ. Свѣ́та ѿ свѣ́та, Бг҃а и҆́стинна ѿ Бг҃а и҆́стинна, рожде́нна, несотворе́нна, є҆диносꙋ́щна Ѻ҆ц҃ꙋ̀, и҆́мже всѧ̑ бы́ша. На́съ ра́ди человѣ́къ и҆ на́шегѡ ра́ди спасе́нїѧ сше́дшаго съ нб҃е́съ, и҆ воплоти́вшагосѧ ѿ Дх҃а ст҃а и҆ Марі́и дв҃ы, и҆ вочеловѣ́чшасѧ. Распѧ́таго же за ны̀ при Понті́йстѣмъ Пїла́тѣ, и҆ страда́вша, и҆ погребе́нна. И҆ воскре́сшаго въ тре́тїй де́нь, по писа́нїємъ. И҆ возше́дшаго на нб҃еса̀, и҆ сѣдѧ́ща ѡ҆десну́ю Ѻ҆ц҃а̀. И҆ па́ки грѧдꙋ́щаго со сла́вою сꙋди́ти живы̑мъ и҆ ме́ртвымъ.

є҆гѡ́же ца́рствїю не бꙋ́детъ конца̀. И҆ въ Дх҃а ст҃а́гѡ, Гд҃а, животворѧ́щаго, и҆́же ѿ Ѻ҆ц҃а̀ и҆сходѧ́щаго, и҆́же со Ѻ҆ц҃е́мъ и҆ Сн҃омъ спокланѧ́ема и҆ сславима, глаго́лавшаго прорѡ́ки. Во є҆ди́нꙋ, ст҃ꙋ́ю, собо́рнꙋю и҆ а҆пⷭто́льскꙋю Цр҃ковь. И҆сповѣ́дꙋю є҆ди́но креще́нїе во ѡ҆ставле́нїе грѣхѡ́въ. Ча́ю воскресе́нїѧ ме́ртвыхъ: И҆ жизни бꙋ́дꙋщагѡ вѣ́ка. А҆ми́нь.

Anaphora:

D Laßt uns würdig stehen, laßt uns in Ehrfurcht stehen, laßt uns aufmerken, das heilige Opfer in Frieden darzubringen.

A Die Gnade des Friedens, das Opfer des Lobes.

P Die Gnade unseres Herrn Jesus Christus, und die Liebe Gottes, des Vaters und die Gemeinschaft des Heiligen Geistes sei mit euch allen.

A Und mit deinem Geiste.

P Erheben wir die Herzen.

A Wir haben sie beim Herrn.

P Laßt uns danken dem Herrn.

A Es ist würdig und recht, den Vater und den Sohn und den Heiligen Geist anzubeten, die wesenseine und ungeteilte Dreifaltigkeit.

Der Priester betet leise gegen Osten gewendet:

Es ist würdig und recht, Dir zu singen, Dich zu preisen, Dich zu rühmen, Dir zu danken, Dich anzubeten an jedem Ort Deiner Herrschaft; denn Du bist der unaussprechliche, unergründliche, unsichtbare, unbegreifliche Gott, ewig und gleichbleibend, Du und Dein eingeborener Sohn und Dein Heiliger Geist. Du hast uns aus dem Nichtsein ins Dasein geführt und hast uns nach unserem Fall wieder aufgerichtet und nicht eher aufgehört, als bis Du alles getan hattest, um uns in den Himmel zu erheben und uns Dein künftiges Reich zu schenken. Für all das danken wir Dir, Deinem eingeborenen Sohn und Deinem Heiligen Geist, für alle uns erwiesenen Wohltaten, für die bekannten und unbekannten, offenkundigen und verborgenen. Wir danken Dir auch für diesen Opferdienst, den Du aus unseren Händen anzunehmen geruhtest, obgleich Tausende von Erzengeln, Zehntausende von Engeln Dich umgeben, die sechsflügeligen, vieläugigen, schwebenden, fliegenden Cherubim und Seraphim,

P die das Siegeslied singen, rufen, jauchzen und sprechen:

A Heilig, heilig, heilig, Herr Sabaoth!
Erfüllt sind Himmel und Erde von Deiner Herrlichkeit.
Hosanna in der Höhe!
Hochgelobt sei, der da kommt im Namen des Herrn;
Hosanna in der Höhe.

Ὁ Χορός· Ἅγιος, Ἅγιος, Ἅγιος, Κύριος Σαβαώθ· πλήρης ὁ οὐρανὸς καὶ ἡ γῆ τῆς δόξης σου. Ὡσαννὰ ἐν τοῖς ὑψίστοις. Εὐλογημένος ὁ ἐρχόμενος ἐν ὀνόματι Κυρίου. Ὡσαννὰ ἐν τοῖς ὑψίστοις.

Ли́къ: Свѧ́тъ, свѧ́тъ, свѧ́тъ Гдь саваѡ́ѳъ, испо́лнь не́бо и҆ землѧ̀ сла́вы твоеѧ̀: ѡ҆са́нна въ вы́шнихъ, благослове́нъ грѧды́й во и҆́мѧ гдне, ѡ҆са́нна въ вы́шнихъ.

Der Priester betet mit leiser Stimme:

Mit diesen seligen Kräften, menschenliebender Herr, rufen auch wir und sagen: Heilig bist Du und allheilig, Du und Dein eingeborener Sohn und Dein Heiliger Geist. Heilig bist Du und allheilig, und hocherhaben ist Deine Herrlichkeit. So sehr hast Du die Welt geliebt, daß Du Deinen eingeborenen Sohn dahingabst, damit niemand, der an ihn glaubt, verloren gehe, sondern das ewige Leben habe. Als er in die Welt gekommen war und den Heilsplan für uns erfüllt hatte, nahm er in der Nacht, da er verraten wurde, oder vielmehr, da er sich selbst dahingab für das Leben der Welt, das Brot in seine heiligen, reinen und unbefleckten Hände, dankte, segnete, heiligte, brach es und gab es seinen heiligen Jüngern und Aposteln und sprach:

Der Diakon weist mit dem Orarion auf das heilige Brot.

P Nehmet und esset, das ist mein Leib, der für euch gebrochen wird zur Vergebung der Sünden.

A Amen.

Der Diakon weist nun auf den Kelch.

Der Priester beginnt mit leiser Stimme:

Ebenso nahm er nach dem Mahl den Kelch und sprach:

und fährt laut fort:

P Trinket alle davon, das ist mein Blut des neuen Bundes, das für euch und für viele vergossen wird zur Vergebung der Sünden.

A Amen.

Der Priester betet leise:

Eingedenk also dieses heilsamen Gebotes und alles für uns Geschehenen, des Kreuzes, des Grabes, der Auferstehung am dritten Tage, der Himmelfahrt, des Sitzens zur Rechten, der zweiten und glorreichen Wiederkehr,

P bringen wir Dir das Deine von dem Deinen dar, von allem und für alles.

Der Diakon hebt mit gekreuzten Armen Diskos und Kelch hoch.

A Dir singen wir, Dich preisen wir, Dir danken wir, Herr, und beten zu Dir, unserm Gott.

Ὁ Χορός· Σὲ ὑμνοῦμεν, σὲ εὐλογοῦμεν, σοὶ εὐχαριστοῦμεν, Κύριε, καὶ δεόμεθά σου, ὁ Θεὸς ἡμῶν.

Лик҃ъ: Тебѐ пое́мъ, тебѐ благослови́мъ, тебѣ̀ благодари́мъ, Гд҃и, и҆ мо́лимтисѧ, Бж҃е на́шъ.

Der Priester betet unterdessen leise die Epiklese:

Nochmals bringen wir Dir diesen geistigen und unblutigen Opferdienst dar und rufen und bitten und flehen zu Dir: Sende herab Deinen heiligen Geist auf uns und auf diese hier liegenden Gaben.

Der Diakon tritt zum Priester hin; beide verbeugen sich dreimal vor dem Altar. Der Priester fährt mit ausgebreiteten Armen und emporgehobenen Händen fort:

O Herr, Du hast Deinen hochheiligen Geist in der dritten Stunde auf Deine Apostel herabgesandt, nimm ihn nicht weg von uns, Du Gütiger, sondern erneuere uns, die wir zu Dir beten.

Diakon: Schaffe in mir ein reines Herz, o Gott, und erneuere in meinem Innern den rechten Geist.

Priester: O Herr, Du hast Deinen hochheiligen Geist ...

Diakon: Wende Dein Angesicht nicht von mir ab und nimm Deinen heiligen Geist nicht von mir!

Priester: O Herr, Du hast Deinen hochheiligen Geist ...

Nach der dritten Bitte verneigt sich der Diakon, weist mit dem Orarion auf das heilige Brot und sagt leise:

Segne, Herr, das heilige Brot.

Der Priester macht dreimal das Zeichen des Kreuzes über die heiligen Gaben und spricht:

Und mache dieses Brot zum kostbaren Leib Deines Christus.

Diakon: Amen. Segne, Herr, den heiligen Kelch.

Priester: Und was in diesem Kelche ist, zum kostbaren Blute Deines Christus.

Diakon: Amen. Segne, Herr, beides.

Priester: Indem Du sie durch Deinen Heiligen Geist verwandelst.

Diakon: Amen, Amen, Amen.

Nun fallen beide vor dem wahren Leibe und Blute des Herrn nieder. Dann verneigt sich der Diakon und sagt:

Gedenke meiner, heiliger Herr.

Priester: Gott, der Herr, gedenke deiner in seinem Reiche, immerdar, jetzt und allezeit und von Ewigkeit zu Ewigkeit.

Diakon: Amen.

Priester: Daß sie denen, die daran teilnehmen, zur Reinigung der Seele gereichen, zur Vergebung der Sünden, zur Gemeinschaft Deines Heiligen Geistes, zur Erfüllung des Himmelreiches, zum Vertrauen auf Dich, nicht aber zum Gericht oder zur Verdammnis.

Wir bringen diesen geistigen Opferdienst auch dar für die im Glauben entschlafenen Urväter, Väter, Patriarchen, Propheten, Apostel, Prediger, Evangelisten, Martyrer, Bekenner, Asketen und für jede gerechte, im Glauben verschiedene Seele.

P   Insbesondere für unsere hochheilige, makellose, hochgelobte und ruhmreiche Gebieterin, die Gottesgebärerin und immerwährende Jungfrau Maria.

Dabei beräuchert der Priester die heiligen Gaben; der Diakon nimmt darauf dem Priester das Rauchfaß ab und beräuchert den Altar von allen Seiten.

Gedächtnis der Gottesmutter:

A   Wahrhaft würdig ist es, dich selig zu preisen, Gottesgebärerin, allzeit Selige und Makellose und Mutter unseres Gottes. Du bist ehrwürdiger als die Cherubim und unvergleichlich herrlicher als die Seraphim, unversehrt hast du Gott, das Wort, geboren: Du, wahre Gottesgebärerin, sei hochgepriesen!

Ὁ Χορός· "Ἄξιόν ἐστιν ὡς ἀληθῶς μακαρίζειν σὲ τὴν Θεοτόκον, τὴν ἀειμακάριστον καὶ παναμώμητον, καὶ μητέρα τοῦ Θεοῦ ἡμῶν. Τὴν τιμιωτέραν τῶν Χερουβίμ, καὶ ἐνδοξοτέραν ἀσυγκρίτως τῶν Σεραφίμ, τὴν ἀδιαφθόρως Θεὸν Λόγον τεκοῦσαν, τὴν ὄντως Θεοτόκον, σὲ μεγαλύνομεν.

Дїкъ: Достойно єсть ꙗкw воистиннꙋ блажити тѧ Богородицꙋ, присноблаженнꙋю и пренепорочнꙋю и Матерь Бга нашегw. Честнѣйшꙋю херꙋвімъ и славнѣйшꙋю безъ сравненїѧ серафімъ, безъ истлѣнїѧ Бга Слова рождшꙋю, сꙋщꙋю Богородицꙋ тѧ величаемъ.

Indessen liest der Diakon leise die Diptychen der Verstorbenen, der Priester betet mit leiser Stimme:

Für den heiligen Propheten, Vorläufer und Täufer Johannes, die heiligen, ruhmreichen und allgepriesenen Apostel; den heiligen N.N., dessen Gedächtnistag wir feiern, und alle Deine Heiligen; um ihrer Fürbitten willen suche uns heim, o Gott. Gedenke aller, welche schon entschlafen sind in der Hoffnung auf die Auferstehung zum ewigen Leben (N.N.), und verleihe ihnen die Ruhe dort, wo das Licht Deines Angesichtes leuchtet.

Wir bitten Dich: Gedenke, o Herr, aller rechtgläubigen Bischöfe, die das Wort Deiner Wahrheit recht verwalten, der ganzen Priesterschaft, des ganzen Diakonates in Christus und des ganzen geistlichen Standes.

Wir bringen Dir diesen geistigen Opferdienst auch dar für die ganze Welt, für die heilige, katholische und apostolische Kirche, und für alle, die in Lauterkeit und frommem Lebenswandel verharren.

P Vor allem gedenke, o Herr, unseres großen Herrn und heiligsten Vaters N.N und unseres hochgeweihten

Herrn N.N., Bischof (Erzbischof, Metropolit) von ..., und des ganzen Episkopates. Erhalte sie Deinen heiligen Kirchen in Frieden, Sicherheit, Ehre, Gesundheit, bei langem Leben, und in der rechten Verwaltung Deiner Wahrheit.

A   Und aller Männer und Frauen!

Der Diakon liest indessen die Diptychen der Lebenden. Der Priester fährt leise fort:

Gedenke, o Herr, dieser Stadt (dieses Klosters), in der (dem) wir wohnen, und jeder Stadt und Gegend, und ihrer gläubigen Einwohner. Gedenke, o Herr, der Reisenden zu Wasser und zu Lande und in der Luft, der Kranken, Notleidenden, Gefangenen und ihrer Rettung. Gedenke, o Herr, derer, die Früchte darbringen und Gutes tun in Deinen heiligen Kirchen, wie auch derer, die sich der Armen annehmen, und sende auf uns alle Deine Gnade herab.

P   Und laß uns, wie aus einem Mund und eines Herzens Deinen ehrwürdigen und hocherhabenen Namen preisen und verherrlichen, des Vaters und des Sohnes und des Heiligen Geistes, jetzt und allezeit und von Ewigkeit zu Ewigkeit.

A   Amen.

Der Priester wendet sich zur Gemeinde und segnet sie:

P   Das Erbarmen des großen Gottes und unseres Erlösers Jesus Christus sei mit euch allen.

A   Und mit deinem Geiste.

Der Diakon geht aus dem Altarraum hinaus und singt vor den königlichen Türen die Bittlitanei.

Bittlitanei:

D Nachdem wir aller Heiligen gedacht haben, laßt uns wieder und wieder in Frieden den Herrn bitten.

A Herr, erbarme Dich / Kirie eleison

D Für die dargebrachten und geweihten kostbaren Gaben laßt und den Herrn bitten.

A Herr, erbarme Dich / Kirie eleison

D Daß unser menschenliebender Gott, der sie auf seinen heiligen, überhimmlischen und geistigen Altar aufgenommen hat zum Dufte geistlichen Wohlgeruchs, uns dafür seine göttliche Gnade und die Gabe des Heiligen Geistes herabsenden möge, laßt uns den Herrn bitten.

A Herr, erbarme Dich / Kirie eleison

D Um unsere Erlösung von aller Trübsal, von Zorn, Not und Gefahr laßt uns den Herrn bitten.

A Herr, erbarme Dich / Kirie eleison

Der Priester betet mit leiser Stimme:

Dir vertrauen wir unser ganzes Leben und Hoffen an, menschenliebender Gebieter, und rufen, bitten und flehen zu Dir: Mache uns würdig, an Deinen himmlischen und ehrfurchtgebietenden Geheimnissen dieses heiligen und geistlichen Tisches mit reinem Gewissen teilzunehmen, zur Vergebung der Sünden, zur Verzeihung der Übertretungen, zur Gemeinschaft des Heiligen Geistes, zur Erbschaft des Himmelreiches und zum Vertrauen auf Dich, nicht aber zum Gericht oder zur Verdammnis.

D   Hilf, errette, erbarme Dich und wache über uns, o Gott, durch Deine Gnade.

A   Herr, erbarme Dich / Kirie eleison

D   Daß der ganze Tag vollkommen, heilig, friedvoll und ohne Sünde sei, laßt uns vom Herrn erflehen.

A   Gewähr' es, o Herr.

D   Einen Engel des Friedens, einen treuen Führer und Beschützer von Seele und Leib, laßt uns vom Herrn erflehen.

A   Gewähr' es, o Herr.

D   Verzeihung und Vergebung unserer Sünden und Verfehlungen laßt uns vom Herrn erflehen.

A   Gewähr' es, o Herr.

D Das Gute und Heilsame für unsere Seelen und den Frieden für die Welt laßt uns vom Herrn erflehen.

A Gewähr' es, o Herr.

D Daß wir die restliche Zeit unseres Lebens in Frieden und Buße vollenden, laßt uns vom Herrn erflehen.

A Gewähr' es, o Herr.

D Ein christliches Ende unseres Lebens, ohne Qual und Schande und in Frieden, und eine gute Rechtfertigung vor dem furchtgebietenden Richterstuhl Christi laßt uns erflehen.

A Gewähr' es, o Herr.

D Nachdem wir um die Einheit im Glauben und um die Gemeinschaft des Heiligen Geistes gebetet haben, wollen wir uns selbst und einander und unser ganzes Leben Christus unserm Gott anvertrauen.

A Dir, o Herr.

P Und mache uns würdig, o Herr, mit Zuversicht und ohne Schuld es zu wagen, Dich, den Gott des Himmels, als Vater anzurufen und zu sprechen:

Vater unser:

A Vater unser im Himmel, geheiligt werde Dein Name, Dein Reich komme, Dein Wille geschehe, wie im Himmel so auf Erden. Unser tägliches Brot gib uns heute. Und vergib uns unsere Schuld, wie auch wir vergeben unsern Schuldigern. Und führe uns nicht in Versuchung, sondern erlöse uns von dem Bösen.

Πάτερ ἡμῶν ὁ ἐν τοῖς οὐρανοῖς, ἁγιασθήτω τὸ ὄνομά σου· ἐλθέτω ἡ βασιλεία σου· γενηθήτω τὸ θέλημά σου, ὡς ἐν οὐρανῷ, καὶ ἐπὶ τῆς γῆς. Τὸν ἄρτον ἡμῶν τὸν ἐπιούσιον δὸς ἡμῖν σήμερον, καὶ ἄφες ἡμῖν τὰ ὀφειλήματα ἡμῶν, ὡς καὶ ἡμεῖς ἀφίεμεν τοῖς ὀφειλέταις ἡμῶν· καὶ μὴ εἰσενέγκῃς ἡμᾶς εἰς πειρασμόν, ἀλλὰ ῥῦσαι ἡμᾶς ἀπὸ τοῦ πονηροῦ.

Ѻ́че нашъ, и́же еси на небесѣхъ, да свѧти́тсѧ и́мѧ Твое́, да прїи́детъ ца́рствїе Твое́: да бу́детъ во́лѧ Твоѧ́, ꙗ́кѡ на небеси́ и на земли́. Хлѣ́бъ нашъ насу́щный да́ждь на́мъ дне́сь, и ѡста́ви на́мъ до́лги нашѧ, ꙗ́коже и мы̀ ѡставлѧ́емъ должникѡ́мъ на́шымъ: и не введи́ на́съ во искуше́нїе, но изба́ви на́съ ѿ лука́вагѡ.

P Denn Dein ist das Reich und die Kraft und die Herrlichkeit, des Vaters und des Sohnes und des Heiligen Geistes, jetzt und allezeit und von Ewigkeit zu Ewigkeit.

A Amen.

Der Priester segnet das Volk:

P Friede allen!

A Und mit deinem Geiste.

D Beuget euer Haupt vor dem Herrn.

A Vor Dir, o Herr.

Der Priester betet:

Wir danken Dir, unsichtbarer König. Durch Deine unermeßliche Macht hast Du alles geschaffen und alles in Deiner überreichen Barmherzigkeit aus dem Nichtsein ins Dasein gebracht. Herr, schau vom Himmel herab auf die, die ihr Haupt vor Dir neigen; denn sie neigen es nicht vor Fleisch und Blut, sondern vor Dir, dem ehrfurchtgebietenden Gott. Du, Herr, laß diese Gaben uns allen zum Heile gereichen, einem jeden nach seinem Bedürfnisse: Reise mit den Reisenden zu Wasser, zu Lande und in der Luft und heile die Kranken, Du Arzt unserer Seelen und Leiber.

P Durch das Erbarmen und die Menschenliebe Deines eingeborenen Sohnes, mit dem Du gepriesen wirst, zusammen mit Deinem hochheiligen, gütigen und lebenspendenden Geiste, jetzt und allezeit und von Ewigkeit zu Ewigkeit.

A Amen.

Der Priester betet:

Wende Dich, Herr, Jesus Christus, unser Gott, aus Deiner heiligen Wohnung und von dem Thron der Herrlichkeit Deines Reiches uns zu und komm', uns zu heiligen, der Du mit dem Vater in der Höhe thronst und uns hier unsichtbar gegenwärtig bist. Mache uns würdig, durch Deine mächtige Hand Deinen makellosen Leib und Dein kostbares Blut zu empfangen, und durch uns dem ganzen Volk zu spenden.

Während dieses Gebetes steht der Diakon vor den königlichen Türen und umgürtet sich mit dem Orarion kreuzweise über Rücken und Brust, sowie über beide Schultern. Sodann verbeugen sich der Priester und der Diakon, und sprechen dreimal leise:

Gott, reinige mich Sünder, und erbarme Dich meiner.

D Seien wir aufmerksam!

Jetzt wird der Vorhang zugezogen, und der Priester hebt das heilige Lamm empor und ruft:

P Das Heilige den Heiligen!

A Einer ist heilig, einer der Herr, Jesus Christus, zur Ehre Gottes des Vaters. Amen.

Εἷς ἅγιος, εἷς Κύριος, Ἰησοῦς Χριστός, εἰς δόξαν Θεοῦ Πατρός. Ἀμήν.

Ли́къ: Є҆ди́нъ свѧ́тъ, є҆ди́нъ Гдⷭ҇ь, І҆и҃съ Хрⷭ҇то́съ, во сла́вѹ Бг҃а Ѻ҆ц҃а̀. А҆ми́нь.

Der Diakon geht in den Altarraum hinein, stellt sich zur rechten Seite des Priesters und spricht:

Brich, Herr, das heilige Brot.

Der Priester bricht das heilige Lamm in vier Stücke und sagt:

Gebrochen und zerteilt wird das Lamm Gottes, gebrochen und doch nicht zerteilt, gegessen, doch nie aufgezehrt, sondern es heiligt, die an ihm teilhaben.

Der Diakon weist mit dem Orarion auf den heiligen Kelch und sagt:

Fülle, Herr, den heiligen Kelch.

Der Priester nimmt den Teil des Lammes IC und macht damit das Zeichen des Kreuzes über den heiligen Kelch, indem er sagt:

Die Fülle des Heiligen Geistes.

Und er legt ihn in den Kelch.

Diakon: Amen.

Dieser nimmt das heiße Wasser und sagt zum Priester:

Segne, Herr, das heiße Wasser.

Der Priester segnet das heiße Wasser:

Gesegnet ist die Glut Deiner Heiligen, jetzt und allezeit und von Ewigkeit zu Ewigkeit. Amen.

Dann gießt der Diakon kreuzförmig heißes Wasser in den Kelch, mit den Worten:

Die Glut des Glaubens, voll des Heiligen Geistes. Amen.

Es wird das Kinonikon des Tages oder des Heiligen, dessen Fest gefeiert wird, gesungen, während die Zelebranten kommunizieren.

Möchte jemand von den anwesenden Gläubigen am heiligen Sakrament teilnehmen, teilt der Priester die zwei noch übrigen Teile des Lammes NI und KA in so viele Teilchen, daß es für alle Kommunikanten reicht, und legt sie in den heiligen Kelch.

Kommunion der Gläubigen:

Der Diakon bedeckt den Kelch mit einer Decke und legt den Löffel darauf, zieht den Vorhang auf und öffnet die königlichen Türen. Er empfängt vom Priester den heiligen Kelch, stellt sich in die königlichen Türen und hält ihn in die Höhe. Das Gesicht dem Volk zugewendet, ruft er:

D   Mit Gottesfurcht und Glauben (und Liebe) tretet herzu.

A   Gepriesen sei, der da kommt im Namen des Herrn: Gott ist der Herr und ist uns erschienen!

Ὁ Χορός· Ἀμήν, ἀμήν. Εὐλογημένος ὁ ἐρχόμενος ἐν ὀνόματι Κυρίου, Θεὸς Κύριος, καὶ ἐπέφανεν ἡμῖν.

لикъ : Благословенъ градый во имѧ Гдне, Бгъ Гдь и ꙗвисѧ намъ.

Die Kommunikanten nähern sich nun mit auf der Brust gekreuzten Armen und sprechen mit dem Priester:

Ich glaube, Herr, und bekenne, daß Du in Wahrheit Christus, der Sohn des lebendigen Gottes, bist, der in die Welt gekommen ist, die Sünder zu retten, von denen ich der Erste bin. Ich glaube auch, daß dieses wirklich Dein makelloser Leib und dies wirklich Dein kostbares Blut ist. Darum bitte ich Dich: Erbarme Dich meiner und vergib mir meine Verfehlungen, die ich absichtlich oder unabsichtlich, in Worten oder Taten, bewußt oder unbewußt begangen habe; und ma-

che mich würdig, ohne Verdammnis an Deinen allerreinsten Geheimnissen teilzunehmen zur Vergebung der Sünden und zum ewigen Leben. Amen.
An Deinem geheimnisvollen Abendmahle laß mich heute teilnehmen, Sohn Gottes; Deinen Feinden will ich das Geheimnis nicht verraten, Dir auch nicht einen Kuß geben, wie Judas, sondern wie der Schächer bekenne ich mich zu Dir: Gedenke meiner, Herr, in Deinem Reiche.
Die Teilnahme an Deinen heiligen Geheimnissen gereiche mir nicht zum Gericht oder zur Verdammnis, sondern zur Heilung der Seele und des Leibes.

Nun verneigen sie sich mit gekreuzten Armen vor den heiligen Gaben, legen den Kopf leicht zurück und öffnen den Mund.
Der Priester reicht ihnen mit einem Löffel zugleich den Leib und das Blut des Herrn und spricht:

P Der (die) Diener(-in) Gottes N.N. empfängt den kostbaren und heiligen Leib und das Blut unseres Herrn und Gottes und Erlösers Jesus Christus zur Vergebung seiner (ihrer) Sünden und zum ewigen Leben.

Während der Kommunion singen wir:

A Nehmt den Leib Christi und trinkt aus der unsterblichen Quelle.

Σῶμα Χριστοῦ μεταλάβετε, πηγῆς ἀθανάτου γεύσασθε. Ἀλληλούϊα.

Тѣло хр҃тово прїимите, источника безсмертнагw вкусите. Аллилу́їа, трижды.

Nach Empfang des Sakraments wischen die Kommunikanten ihre Lippen mit dem seidenen Tuch ab und küssen den Rand des Kelches, ohne sich zu bekreuzigen.

Die Kommunikanten treten nun beiseite, essen von dem für sie bereitgehaltenen Brot und trinken danach Wein, mit warmem Wasser vermischt.

Nach der Kommunion singen wir:

A Alleluja, Alleluja, Alleluja.

Hierauf gehen der Priester und der Diakon in den Altarraum zurück und stellen die heiligen Gaben auf den Altar. Der Diakon nimmt mit der linken Hand den Diskos und hält ihn über den Kelch, mit der rechten Hand nimmt er den Schwamm und wischt damit die auf dem Diskos zurückgebliebenen Teilchen in den Kelch, indem er die folgenden Auferstehungshymnen spricht:

Christi Auferstehung haben wir gesehen, laßt uns anbeten den heiligen Herrn, Jesus, den allein Sündlosen. Vor Deinem Kreuz fallen wir nieder, Christus. und rühmen und preisen Deine heilige Auferstehung; denn Du bist unser Gott; außer Dir kennen wir keinen anderen, Deinen Namen rufen wir an. Kommt, all ihr Gläubigen, laßt uns anbeten die heilige Auferstehung Christi; denn siehe, durch das Kreuz kam Freude in die ganze Welt: immer wenn wir den Herrn preisen, besingen wir seine Auferstehung; denn er hat am Kreuz gelitten, und durch seinen Tod den Tod überwunden.

Leuchte, leuchte, du neues Jerusalem; denn die Herrlichkeit des Herrn ist über dir erstrahlt; frohlocke jetzt, Zion, und jauchze; du aber, reine Gottesmutter, schmücke dich ob der Erweckung deines Kindes.

O großes und heiliges Pascha, Christus! O Weisheit und Wort Gottes und Kraft! Gib uns, vollkommener an Dir teilzuhaben am abendlosen Tag Deines Reiches.

Wasche ab, o Herr, durch Dein kostbares Blut die Sünden aller, derer hier gedacht worden ist, auf die Fürbitten Deiner Heiligen.

Der Diakon bedeckt den heiligen Kelch mit der Decke, legt die übrigen Decken auf den Diskos und darüber den Kreuzstern. Der Priester wendet sich zum Volk, segnet es und ruft:

P   Rette, o Herr, Dein Volk und segne Dein Erbe.

A   Gesehen haben wir das wahre Licht, empfangen haben wir den Geist vom Himmel, gefunden haben wir den rechten Glauben, die ungeteilte Dreifaltigkeit beten wir an, denn sie hat uns erlöst.

Ὁ Χορός· Εἴδομεν τὸ φῶς τὸ ἀληθινόν, ἐλάβομεν Πνεῦμα ἐπουράνιον, εὕρομεν πίστιν ἀληθῆ, ἀδιαίρετον Τριάδα προσκυνοῦντες· αὕτη γὰρ ἡμᾶς ἔσωσεν.

Ликъ: Ви́дѣхомъ свѣ́тъ и́стинный, прїа́хомъ Дх҃а небе́снаго, ѡ҆брѣто́хомъ вѣ́ру и́стиннꙋю, нераздѣ́льнѣй Тро́ицѣ покланѧ́емсѧ: та́ бо на́съ спасла̀ є҆́сть.

Der Priester wendet sich zum Altar, räuchert dreimal vor den heiligen Gaben und spricht:

Erhebe Dich, Gott, über die Himmel, und Deine Herrlichkeit über die ganze Erde.

Nun gibt der Priester dem Diakon das Rauchfaß und den Diskos. Der Diakon setzt den Diskos auf sein Haupt, und geht hinten am Priester und an den königlichen Türen vorbei, das Gesicht dem Volk zugewandt, zur Prothesis, wo er ihn abstellt. Der Priester verbeugt sich, nimmt den heiligen Kelch, wendet sich zum Volk und spricht leise:

Gelobt sei unser Gott.

P Jetzt und allezeit und von Ewigkeit zu Ewigkeit.

A Amen. Voll sei unser Mund Deines Lobes, Herr, singen wollen wir von Deiner Herrlichkeit; denn huldvoll ließest Du uns teilnehmen an Deinen heiligen, göttlichen, unsterblichen und lebenspendenden Geheimnissen. Bewahre uns in Deiner Heiligkeit, daß wir den ganzen Tag über Deine Gerechtigkeit nachsinnen. Alleluja, Alleluja, Alleluja.

Ὁ Χορός· Ἀμήν.

Πληρωθήτω τὸ στόμα ἡμῶν αἰνέσεώς σου, Κύριε, ὅτι ἠξίωσας ἡμᾶς μετασχεῖν τῶν ἁγίων, ἀθανάτων καὶ ἀχράντων σου μυστηρίων· τήρησον ἡμᾶς ἐν τῷ ἁγιασμῷ, ὅπως ἀνυμνήσωμεν τὴν δόξαν σου, ὅλην τὴν ἡμέραν μελετῶντας τὴν δικαιοσύνην σου. Ἀλληλούϊα, ἀλληλούϊα, ἀλληλούϊα.

Лик: Аминь.

Да исполнятся оуста наша хваленїа твоегѡ, Гди, ꙗкѡ да поемъ славѹ твою, ꙗкѡ сподобилъ еси насъ причаститися свѧтымъ твоимъ, бжественнымъ, безсмертнымъ и животворѧщымъ тайнамъ: соблюди насъ во твоей свѧтыни, весь день поѹчатисѧ правдѣ твоей. Аллилѹїа, аллилѹїа, аллилѹїа.

Der Priester trägt den heiligen Kelch zur Prothesis und beräuchert die Gaben.

Der Diakon löst sein Orarion, so daß es wieder vorn und hinten von der linken Schulter herabhängt, geht zur nördlichen Tür hinaus und singt:

Danklitanei:

D Stehet aufrecht! Wir haben empfangen die göttlichen, heiligen, makellosen, unsterblichen, himmlischen, lebenspendenden, furchtgebietenden Geheimnisse Christi; nun laßt uns würdig dem Herrn danken.

A Herr, erbarme Dich / Kirie eleison

D Hilf, errette, erbarme Dich und wache über uns, o Gott, durch Deine Gnade.

A Herr, erbarme Dich / Kirie eleison

D Nachdem wir gebetet haben, daß der ganze Tag heilig, friedlich und sündlos sei, wollen wir uns selbst und einander und unser ganzes Leben Christus unserm Gott anvertrauen.

A Dir, o Herr.

Während der Litanei spricht der Priester das Danksagungsgebet:

Wir danken Dir, o menschenliebender Gebieter, Du Wohltäter unserer Seelen, daß Du uns auch am heutigen Tag Deiner himmlischen und unsterblichen Geheimnisse gewürdigt hast. Bereite unseren Weg; festige uns alle in Deiner Furcht; beschütze unser Leben und festige unsere Schritte, auf die Gebete und Fürbitten der ruhmreichen Gottesgebärerin und immerwährenden Jungfrau Maria und aller Deiner Heiligen.

Der Priester legt nun das Antiminsion zusammen und macht darüber mit dem heiligen Evangelium das Zeichen des Kreuzes und ruft:

P Denn Du bist unser Heil, und Dir senden wir Lobpreis empor, dem Vater und dem Sohne und dem Heiligen Geiste, jetzt und allezeit und von Ewigkeit zu Ewigkeit.

A Amen.

P Laßt uns gehen in Frieden.

A Im Namen des Herrn.

D Laßt uns den Herrn bitten.

A Herr, erbarme Dich / Kirie eleison

Der Diakon geht zur Ikone des Erlösers, der Priester stellt sich hinter den Ambo und betet laut:

P O Herr, Du segnest, die Dich preisen, und heiligst, die auf Dich hoffen; rette Dein Volk und segne Dein Erbe. Bewahre die Fülle Deiner Kirche und heilige alle, die die Pracht Deines Hauses lieben. Verherrliche sie in Deiner göttlichen Kraft und verlaß uns nicht, die wir auf Dich hoffen. Schenke Frieden Deiner Welt, Deinen Kirchen, Deinen Priestern und Deinem ganzen Volke; denn jede gute Gabe und jedes vollkommene Geschenk kommt von oben herab, von Dir, dem Vater des Lichts. Dir senden wir Lobpreis, Dank und Anbetung empor, dem Vater und dem Sohne und dem Heiligen Geiste, jetzt und allezeit und von Ewigkeit zu Ewigkeit.

A Amen.
Gepriesen sei der Name des Herrn von nun an bis in Ewigkeit. *(dreimal)*

Ὁ Χορός· Ἀμήν. Εἴη τὸ ὄνομα Κυρίου εὐλογημένον ἀπὸ τοῦ νῦν, καὶ ἕως τοῦ αἰῶνος. (Τρίς).

Бу́ди и́мѧ гд҇не благослове́но ѿ ны́нѣ и до вѣ́ка. Три́жды.

Mancherorts liest der Lektor jetzt den Psalm 33(34).

Nach dem Gebet hinter dem Ambo geht der Priester durch die königlichen Türen zur Prothesis und betet leise:

Christus, unser Gott, Du bist die Erfüllung des Gesetzes und der Propheten; Du hast das ganze Heilswerk Deines Vaters erfüllt. Erfülle mit Freude und Fröhlichkeit unsere Herzen, jetzt und allezeit und von Ewigkeit zu Ewigkeit. Amen.

Der Diakon verzehrt nun mit Andacht und Ehrfurcht den Rest der heiligen Gaben. Der Zelebrant segnet das Volk mit den Worten:

P Der Segen des Herrn komme über euch durch seine Gnade und Menschenliebe immerdar, jetzt und allezeit und von Ewigkeit zu Ewigkeit.

A Amen.

Entlassung:

P Ehre sei Dir, Gott, unsere Hoffnung, Ehre sei Dir.

A Ehre sei dem Vater und dem Sohne und dem Heiligen Geiste, jetzt und allezeit und von Ewigkeit zu Ewigkeit. Amen.

Herr, erbarme Dich / Kirie eleison *(dreimal)*
Sprich den Segen (Vater).

Ὁ λαός, ἢ ὁ Ἀναγνώστης· Δόξα Πατρί, καὶ Υἱῷ, καὶ Ἁγίῳ Πνεύματι· καὶ νῦν, καὶ ἀεί, καὶ εἰς τοὺς αἰῶνας τῶν αἰώνων. Ἀμήν. Κύριε, ἐλέησον, τρίς. Δέσποτα ἅγιε, εὐλόγησον.

Ликъ: Слава Оцу и Сну и святому Дху, и нынѣ и присно и во вѣки вѣковъ. Аминь. Гди, помилуй, трижды. Благослови.

Der Priester nimmt das heilige Kreuz vom Altar, hält es empor und spricht, zum Volke gewendet (an Sonntagen):

P Christus, unser wahrer Gott, auferstanden von den Toten, erbarme sich unser auf die Fürbitte seiner makellosen Mutter, der heiligen, ruhmreichen und hochgelobten Apostel, des heiligen (Kirchenpatrons), des heiligen (des Tages), der heiligen und gerechten Gottesahnen Joachim und Anna sowie aller Heiligen, und rette uns, denn er ist gütig und menschenliebend.

A Amen.

Bei den Schlußworten segnet der Priester das Volk und beide Chöre mit dem Kreuz, küßt es, reicht es dem Volk zur Verehrung und verteilt das Antidoron.

Währenddessen wird das Polychronion gesungen:

A Rette, Herr, und erbarme Dich unseres hochgeweihten Herrn N.N., des Bischofs (Erzbischofs, Metropoliten) von ..., und aller rechtgläubigen Christen. Erhalte sie, o Herr, viele Jahre.

Nachdem die Anwesenden das Kreuz geküßt haben, segnet der Priester nochmals das Volk und kehrt in den Altarraum zurück. Die königlichen Türen werden geschlossen und der Vorhang wird zugezogen. Die Zelebranten legen die Gewänder ab und sprechen die Dankgebete.

DIE LITURGISCHEN BÜCHER DER ORTHODOXEN KIRCHE IN DEUTSCHER SPRACHE

Band I.:   **Die göttlichen Liturgien**

des Hl. Johannes Chrisostomos, des Hl. Basilios des Grossen und die Liturgie der Vorgeweihten Gaben

Band II.:   **Stundengebet (Orologion)**

1. Teil: Nachtwache
2. Teil: Die kleinen Stunden

Band III.:   **Oktoich (Osmoglasnik)** - In 8 Teilen

Band IV.:   **Menologion des ganzen Jahres (Minäen)** - In 12 Teilen

Band V.:   **Triod (Triodion)** - In 3 Teilen

Band VI.:   **Die Sakramente** - In 6 Teilen

Band VII.:   **Begräbnis-Ritus und Gedächtnis der Verstorbenen** - In 2 Teilen

Band VIII: **Weihegottesdienste, Gebete, Segnungen und Gottesdienste zu besonderen Gelegenheiten**

1. Teil: Weihegebete und Ritus der Ikonenweihe
2. Teil: Gebete und Segnungen
3. Teil: Bitt- und Dankgottesdienste

Band IX: Andachtsbuch

1. Teil: Bitte und Dank
2. Teil: Kommuniongebete

Band X: **Spezialausgaben**

Gemeindehefte, Ausgaben zu einzelnen Festen, usw.
Typikon; Allioli, Das Buch der Psalmen

Erscheint bei: **Verlag Fluhegg, CH-6442 Gersau**
In Zusammenarbeit mit:
VOM Verein für Ostkirchliche Musik

Unterlagen zu dieser Reihe und zu anderen
Veröffentlichungen zu beziehen bei:

BUCHHANDLUNG VITOVEC
ORTHODOXIE - SLAVISTIK
Bücher - Schallplatten - Musikalien

Verlag Fluhegg AG	Buchhandlung Vitovec	Buchhandlung Vitovec
Buchhandlung Vitovec	Petersgraben 33	Postfach 1925
CH-6442 Gersau	CH-4051 Basel	D-7858 Weil am Rhein
Tel. 041 84 10 84	Tel. 061 25 00 70	Tel. 0041.61.25 00 70